Grandi Tascabili Economici

573

Titoli originali: *Das Ich und das Es*;
Hemmung, Symptom und Angst
Traduzione di Irene Castiglia

Prima edizione: gennaio 2010

Roma, Casella postale 6214

ISBN 978-88-541-1679-5

www.newtoncompton.com

Stampato su carta PamoSuper della Cartiera Artic Paper Mochenwangen

Sigmund Freud

L'Io e l'Es

Inibizione, sintomo e angoscia

A cura di Roberto Finelli e Paolo Vinci
Traduzione di Irene Castiglia

Edizioni integrali

Grandi Tascabili Economici
Newton

Nota biobibliografica

Sigmund Freud nasce il 6 maggio 1856 nella cittadina morava di Freiberg, allora territorio dell'Impero austro-ungarico, dal terzo matrimonio del padre, Jakob, un modesto commerciante di lane ebreo nella zona di confine tra la Galizia russa e l'Austria, con Amalia Nathanson. Quando il piccolo Sigmund (sulla Bibbia di famiglia il padre gli ha attribuito i nomi Sigismund Schlomo) ha quattro anni, la famiglia si trasferisce a Vienna, dove il fondatore della psicoanalisi vivrà fino al 1938 e che lascerà solo per trascorrere l'ultimo anno della sua vita, da esule, a Londra. Nel 1873 il giovane Freud, dopo essere stato per sette anni consecutivi il miglior studente del suo Ginnasio (lo "Sperlgymnasium"), si iscrive alla Facoltà di Medicina dell'Università di Vienna e viene accolto, per le sue doti di intelligenza e perseveranza nella ricerca, prima nel laboratorio di zoologia di Carl Claus (recandosi per due periodi di studio nella stazione sperimentale di biologia marina a Trieste) e poi nel laboratorio di fisiologia di Ernst Brücke, dove comincia ad approfondire l'istologia e la fisiologia del sistema nervoso, animale ed umano.

Si laurea nel 1881 e nella stessa Facoltà di Medicina, grazie alle sue ricerche e alle sue pubblicazioni in campo istologico e neuropatologico, diventa nel 1885 *Privatdozent*, libero docente, in clinica delle malattie nervose. Di particolare significato durante quegli anni, anche per la storia successiva della nascita e dello sviluppo della psicoanalisi, è un saggio d'impostazione ancora neurologica, *L'interpretazione delle afasie*, che Freud dedica alle patologie del linguaggio. Subito dopo la laurea usufruisce di una borsa di studio di quattro mesi da trascorrere a Parigi per un periodo di studio presso Jean M. Charcot, il celebre medico francese esperto in psicopatologia, che aveva dato dignità scientifica alle patologie isteriche, sottraendole all'ipotesi che fossero solo recite e simulazioni. Ma già a partire da alcuni anni Freud collabora con Joseph Breuer, un medico che si occupa di malattie nervose, anch'egli di origine ebraica e con una posizione di rilievo nella comunità medica viennese.

Attraverso Breuer Freud entra in contatto con il caso di Anna O., la giovane donna i cui gravissimi sintomi isterici vengono curati, per la prima volta, attraverso il recupero alla memoria di eventi psichici traumatici che sono stati rimossi dalla coscienza. La pratica della cura e della remissione dei sintomi non è affidata a somministrazione di farmaci o a interventi di elettroterapia sul corpo ma alla *parola*, alla possibilità cioè di recuperare, sotto ipnosi, alla narrazione del paziente quanto ha dovuto rimuovere e dimenticare. Si cominciano così a prefigurare la specificità e l'originalità, rispetto alle terapie chimico-farmacologiche della medicina ufficiale e tradizionale, della terapia psicoanalitica quale *talking cure*: ossia quale terapia che si basa, appunto, solo sulla parola.

Così è dalla consapevolezza che il malato isterico soffre, non per lesioni o patologie organiche, bensì di «reminescenze», di ricordi non elaborati, che muove l'avventura della psicoanalisi e di quella scoperta dell'«inconscio», che Freud comincia ad approfondire in termini di teoria e di pratica clinica durante gli ultimi anni dell'800, fino a giungere al libro che lo consacra come autore pienamente maturo nell'ambito di questo nuovo campo dell'esperienza umana e che è la *Traumdeutung* (*L'interpretazione dei sogni*) del 1900.

Intanto Freud durante gli anni che vanno dal 1895 al 1900 ha abbandonato definitivamente per motivi economici la difficile strada della ricerca e dei laboratori universitari, pur mantenendo la libera docenza (che corrisponde alla possibilità di tenere corsi senza stipendio), ha accettato quindi un posto con un ruolo secondario nell'Ospedale generale di Vienna, ed infine si è risolto per la professione privata come medico di malattie nervose. Ha così potuto sposare nel 1896 Martha Bernays, una giovane di famiglia ebraica amburghese, con cui è fidanzato dal 1892 e dal matrimonio con la quale nascono nel giro di dieci anni ben sei figli.

La strada verso l'inconscio è anche la strada della scoperta della sessualità infantile. *L'Interpretazione dei sogni* è infatti il libro che, attraverso l'analisi dell'esperienza onirica, pone in luce l'esistenza nella mente umana di una logica del pensare diversa da quella della coscienza vigile e normale e che si presenta come una *logica del pensiero concreto e figurale*. Ma nello stesso tempo è il libro che evidenzia quanto il darsi di un pensiero inconscio sia legato ad eventi e pulsioni di un mondo infantile, fin dall'inizio della vita animato e attraversato da tensioni sessuali. Del resto proprio per tale apertura sul mondo della sessualità, per il non aver trovato consenso da parte di Breuer su questa causa originariamente sessuale delle malattie nervose, Freud ha lasciato la collaborazione con il collega più anziano e ha stretto una intensa simbiosi intellettuale con Wilhelm Fliess, un medico otorinolaringoiatra di Berlino con il quale Freud avrà un intenso scambio epistolare che dura ininterrottamente dal 1887 al 1904.

Fliess, con il quale alla fine Freud romperà irriducibilmente, è un uomo la cui cultura attraversa vari campi. È un erudito, con la passione eccentrica per la numerologia: crede infatti a dei cicli bioritmici di 23 e 28 giorni che dovrebbero regolare la vita, rispettivamente, di donne e uomini. Ritiene che il naso sia l'organo fondamentale da cui dipenderebbe la condizione di salute e malattia. Ma soprattutto è l'amico, per non dire la "figura paterna", che discute e dà credito alle idee di Sigmund, impegnato "in solitaria" nei nuovi percorsi delle ipotesi psicoanalitiche. Per altro lo stesso Fliess nei suoi scritti a metà degli anni Novanta tratta della sessualità infantile e introduce, ben prima di quanto farà Freud, il tema della bisessualità umana.

Nel primo decennio del Novecento Freud approfondisce e consolida i risultati conseguiti con *L'interpretazione dei sogni*: l'esistenza della costellazione edipica, quale triangolo che ogni essere umano deve attraversare e superare per raggiungere la sua maturità, la natura energetico-pulsionale del corpo umano che vive del contrasto tra pulsioni libidiche e pulsioni di autoconservazione dell'Io, la teoria dei tre stadi della sessualità, i meccanismi patogeni di difesa a muovere dalla rimozione, la scissione della personalità. Pubblica così, tra molti altri scritti, la *Psicopatologia della vita quotidiana* (1901), i *Tre saggi sulla sessualità* (1905), *Comportamenti ossessivi e pratiche religiose* (1907), in cui riduce la fede religiosa a mera nevrosi, e alcune descrizioni di patologie particolari, che diverranno i famosi «casi clinici» del piccolo Hans (1909) e dell'uomo dei topi (1909).

Ormai Freud sta acquisendo sempre più sicurezza nell'addentrarsi nella scoperta del *nuovo continente* dell'esistenza umana, costituito dall'inconscio e dagli effetti della vita fantasmatica sulle pratiche, i comportamenti, gli affetti degli esseri umani. Rivendica che la psicoanalisi non sia solo indagine e terapia delle patologie della mente: per esser tale è anche – *deve essere* – una teoria del funzionamento normale e fisiologico della vita della psiche nella sua compresenza al corpo pulsionale e desiderante. Deve essere cioè una filosofia antropologica generale dell'essere umano ed infatti l'opera freudiana sfocia tra il 1915 e il 1917 nella stesura di una *Metapsicologia*, ossia di un insieme di saggi di definizione complessiva della psiche umana, *al di là* (come indica il prefisso *meta*) di riflessioni psicologiche circostanziate e legate a una finalità solo terapeutica e clinica. Ne uscirà il quadro concettuale più rigoroso e completo della cosiddetta «prima topica», cioè il quadro del rapporto mente-corpo a partire dal dualismo tra pulsioni libidiche e pulsioni di autoconservazione dell'Io.

Per altro Freud non si limita a ciò, perché il suo progetto è quello di estendere la funzione critica della psicoanalisi dall'ambito della mente individuale a quella storica e collettiva. L'antropologia psicoanalitica è ormai in grado d'interpretare, a suo avviso, anche eventi e passaggi fondamentali della storia dell'umanità, fenomeni culturali come l'arte e la religione, movimenti sociali e politici. Di questa "espansione" culturale della psicoanalisi sono testimonianza testi come *Totem e tabù* (1912-13), *Il Mosè di Michelangelo* (1914), *Psicologia collettiva e analisi dell'Io* (1921).

Frattanto Freud consolida «il movimento psicoanalitico» – l'insieme dei collaboratori, soprattutto medici, e dei discepoli che hanno progressivamente aderito alla rivoluzione dell'inconscio – da un punto di vista organizzativo e istituzionale.Tra i suoi allievi più fedeli basti ricordare Karl Abraham, Max Eitingon, Sándor Ferenczi, Paul Federn, Ernst Jones, Otto Rank e, fino a un certo momento, Alfred Adler e Wilhelm Stekel. Nel 1902 è nata, all'inizio in modo informale, la cosiddetta "Società del mercoledì", formata da un gruppo di giovani medici che si stringono attorno a Freud, il mercoledì sera a Vienna, per apprendere, discutere e imparare ad esercitare la psicoanalisi. Da questo nucleo iniziale nasce nel 1908 la Società psicoanalitica viennese. Nel 1910 viene fondata l'"Associazione psicoanalitica internazionale" organizzata secondo sezioni nazionali, che nel giro di pochi anni comprende gruppi aventi sede in Austria, Germania, Ungheria, Svizzera, Gran Bretagna, Olanda, Russia, India e negli Stati Uniti. Dal 1908 viene pubblicata una rivista dedicata ai contributi teorici e clinici di argomento psicoanalitico, lo «Jahrbuch für psychoanalitische und psichopathologische Forschungen», cui si accompagna successivamente la pubblicazione di «Imago», un periodico che si occupa delle applicazioni della psicoanalisi nel campo più vasto delle scienze dello spirito.

Ma col consolidamento della dottrina freudiana e con il suo prendere corpo in una scuola di adepti e di studiosi non possono mancare di sorgere ben presto divisioni e scissioni, rispetto agli orientamenti teorici di fondo che Freud è venuto assegnando alla scienza della psiche. La più significativa delle separazioni è quella che si consuma tra Freud e Jung, il giovane psichiatra svizzero, non ebreo a differenza di quasi tutti gli altri suoi discepoli, cui Freud pensa a un certo punto come al suo più promettente erede spirituale e che invece si allontana dal maestro, proponendo una concezione dell'energia psichica non limitata alla sessualità e dando luogo a una scuola psicoanalitica di diverso indirizzo e ispirazione.

Inoltre a segnare profondamente la vita e la riflessione di Freud giunge l'esperienza della prima guerra mondiale con i suoi sterminati massacri e con i gradi più alti raggiunti dalla crudeltà e dell'aggressività umana. Sul piano privato, Freud assiste, tra gli orrori della guerra, alla caduta in prigionia di uno dei due figli sul fronte italiano. Subisce egli stesso, in prima persona, per quanto privilegiato dalla professione e dalla fama raggiunta, le restrizioni nei consumi e il peggioramento nelle condizioni materiali di vita, cui l'Austria, e in particolare la città di Vienna, vanno necessariamente incontro dopo la sconfitta e la caduta dell'Impero austro-ungarico. Nel 1920 muore per un'influenza complicata da una polmonite l'amatissima figlia Sophie, in attesa del terzo figlio. Ma come se non bastasse, nel giugno del 1923 muore per una tubercolosi miliare anche il figlio minore di Sophie, Heinele di quattro anni, adorato dall'intera famiglia dei Freud, e di cui il nonno Sigmund scrive: «Era un bambino incantevole, e per quanto mi riguarda, so di non avere mai amato un essere umano, e sicuramente mai un bambino, quanto lui». Infine nel 1923 gli viene diagnosticato un cancro alla mascella e al palato e già in quello stesso anno subisce due interventi operatori.

Ma questi eventi drammatici della biografia di Freud non bastano a spiegare la profonda rielaborazione della sua teoria, attraverso la quale, con due scritti fondamentali degli anni '20, *Al di là del principio del piacere* (1920) e *L'Io e l'Es* (1923), egli giunge a mettere a tema come fortemente operosa nella vita di ciascun essere umano la presenza di una tendenza originaria all'aggressività e alla distruzione, che Freud chiama "pulsione di morte" (*Todestrieb*). Accanto alla potenza pulsionale dell'Eros e della libido sessuale la psiche, ora afferma Freud, è mossa da una forza originaria che spinge non a creare unioni e legami, bensì a rifiutarli e a distruggerli. E appunto dalla teorizzazione della pulsione di morte prende avvio il passaggio del pensiero di Freud dalla *prima* alla *seconda* topica, con una conseguente rielaborazione dell'intera configurazione dell'apparato psichico.

Ma tale passaggio non si spiega, come si è detto, con le sole vicende personali dell'uomo Freud, come pretenderebbero troppe semplicistiche interpretazioni, pronte a risolvere e a ridurre la complessità della teoria nella biografia e nella psicologia personale. Si spiega con motivazioni più profonde che risalgono alle componenti di aggressività e di distruttività, la cui presenza già il primo Freud aveva rilevato nell'operare della sessualità e della libido.

Infine, durante l'ultimo quindicennio della sua vita Freud continua a lavorare su più fronti. I congressi internazionali dell'Associazione psicoanalitica si susseguono regolarmente ogni due anni. Le sue opere vengono tradotte in più lingue. In particolare tra il 1924 e il 1925 esce in lingua inglese una raccolta delle sue opere, in quattro volumi, i *Collected Papers*. Nell'estate del 1918 è nata una casa editrice viennese, il Verlag, che si occupa delle pubblicazioni di argomento psicoanalitico la cui supervisione è nelle mani di Freud. Così come s'intensifica la pubblicazione delle riviste psicoanalitiche. Dopo l'esperienza dello «Jahrbuch», sono iniziate le pubblicazioni della rivista in lingua tedesca, la «Internationale Zeitschrift für Psychoanalyse», nel 1926 esce in Francia la «Revue Française de Psychanalyse», nel 1932 in Italia la «Rivista di Psicoanalisi». Uno dei più fidati discepoli di Freud, Ernest Jones, dà vita in Inghilterra all'«International Journal of Psycho-Analysis». Come ininterrotta è la cura da parte di Freud della propagazione della cultura analitica all'estero: tanto che i suoi settant'anni, nel 1926, vengono ricordati e celebrati, con una citazione sufficientemente esatta della sua attività, su un gran numero di giornali esteri.

Ma anche per quanto concerne l'attività propriamente teorica Freud continua ad essere impegnato sia nell'ambito della problematica più tipicamente psicoanalitica, qual è quella dell'indagine sui processi e le funzioni intrapsichiche, sia nell'ambito dell'applicazione della psicoanalisi alla scienze dello spirito e della cultura. Pubblica così da un lato *Inibizione, sintomo e angoscia* (1926), mentre sul fronte della critica del fenomeno religioso e dell'essenza della civilizzazione umana pubblica rispettivamente *L'avvenire di un'illusione* (1927) e *Il disagio della civiltà* (1930).

Così come ancora da un duplice campo d'interesse – uno più volto verso il consolidamento dell'identità concettuale e interiore della disciplina psicoanalitica e l'altro più verso l'esposizione della psicoanalisi riguardo alla storia e agli eventi collettivi – sono le sue due ultime opere: rispettivamente il *Compendio di psicoanalisi* e il "romanzo storico" su *Mosè e il monoteismo*.

Ma questi due ultimi scritti sono composti nel precipitare, di nuovo tormentato e drammatico, della vita di Freud. Negli ultimi anni ha assistito sgomento alla nascita e allo sviluppo del nazismo hitleriano in Germania, al dilagare dell'antisemitismo e alla successiva nazistificazione dell'Austria. Frattanto il cancro alla mascella si è sempre più aggravato, malgrado le reiterate operazioni e le protesi che ormai invalidano la sua vita. Sollecitato dagli amici e soccorso dall'aiuto internazionale, per sfuggire alle persecuzioni antiebraiche, va in esilio, più che ottantenne, in Inghilterra, dove trascorre l'ultimo anno della sua vita e muore il 23 settembre 1939.

Bibliografia consigliata

D. ANZIEU, *L'autoanalisi di Freud e la scoperta della psicoanalisi*, 2 voll., Astrolabio, Roma 1976.

R. BODEI, *Le logiche del delirio. Ragione, affetti, follia*, Laterza, Roma-Bari 2000.

V. CAPPELLETTI, *Introduzione a Freud*, Laterza, Roma-Bari 2000.

A. CAROTENUTO, *Diario di una segreta simmetria. Sabina Spielrein tra Jung e Freud*, Astrolabio, Roma 1980.

M. DE LILLO, *Freud e il linguaggio. Dalla neurologia alla psicoanalisi*, Pensa Multimedia, Lecce 2005.

H.F. ELLENBERGER, *La scoperta dell'inconscio. Storia della psichiatria dinamica*, 2 voll., Boringhieri, Torino 1996.

A.B. FERRARI, *L'eclissi del corpo. Una ipotesi psicoanalitica,* Borla, Roma 1992.

P. GAY, *Freud, Una vita per i nostri tempi*, Bompiani, Milano 1988.

E. JONES, *Vita e opere di Freud*, 3 voll., Il Saggiatore, Milano 1962.

W. MCGUIRE (a cura di), *Lettere tra Freud e Jung (1906-1913)*, Boringhieri, Torino 1980.

P. PETRELLA, *Il modello freudiano*, in A.A. Semi (a cura di), *Trattato di psiconalisi*, vol. I, Raffaello Cortina, Milano 1988-89, pp. 41-146.

P. RICOEUR, *Della interpretazione. Saggio su Freud*, Il Saggiatore, Milano 1966.

F.J. SULLOWAY, *Freud, biologo della psiche. Al di là della leggenda psicoanalitica*, Feltrinelli, Milano 1982.

S. VEGETTI FINZI, *Storia della psicoanalisi. Autori, opere, teorie 1895-1990*, Oscar Mondadori, Milano 1990.

R. F.

L'Io e l'Es

(1923)

[Il lavoro apparve nel 1923 con il titolo *Das Ich und das Es* presso lo «Internationaler Psychoanalytischer Verlag», Leipzig, Wien, Zürich. Nel 1940 fu compreso nel vol. 13 di *Gesammelte Werke*, p. 235. Compare in *The Standard Edition of the Complete Psychological Works of Sigmund Freud* nel vol. 18, p. 233. Con il titolo *L'Io e l'Es* è stato pubblicato nel 1977 nella traduzione di Cesare L. Musatti per l'edizione Boringhieri, a cura dello stesso Cesare L. Musatti, vol. 9, p. 471. La presente traduzione è stata eseguita sulla base del testo di *Gesammelte Werke*, a cura di A. Freud, E. Bibring, W. Hoffer, E. Kris, O. Isakower, Fischer Verlag, Frankfurt (già Imago Publishing Co., London 1940 sgg.)].

La "scomposizione" della personalità e la funzione dell'Io come "sintesi" nell'opera di Freud

1. Pulsione, rappresentazione, linguaggio

L'Io e l'Es *(*Das Ich und das Es*) viene pubblicato da Freud nel 1923, due anni dopo aver identificato e teorizzato per la prima volta in* Al di là del principio del piacere *la presenza nella psiche umana della cosiddetta pulsione di morte (*Todestrieb*), cioè di un desiderio originario e permanente di opposizione alla vita, di una tendenza strutturale all'autodistruzione e, insieme, all'aggressione e alla conflittualità verso gli altri. Com'è noto Freud è sempre rimasto fedele, nella sua attività terapeutica e nei suoi scritti teorici, ad una concezione energetica della biologia umana. La vita del corpo e della mente si spiega con l'accumularsi di tensioni, con il caricarsi di forze, o pulsioni, che vanno scaricate ed eliminate. Le pulsioni nascono all'interno del corpo, dove vengono avvertite secondo la scala quantitativa del crescere o del decrescere, ma nella mente, connesse come sono alla rappresentazione della persona o della cosa necessarie al loro soddisfacimento, sono avvertite come bisogni e desideri. Tale teoria pulsionale (accumulo di tensione = sentimento di dispiacere, scarica di tensione = sentimento di piacere) estende al campo bio-psicologico il paradigma della spiegazione del mondo fisico secondo energia elaborato nella Germania della secondà metà dell'800 da Helmholtz e fa riferimento, indirettamente, alla concezione del vivente come luogo di* conatus *e di forze proprie, di forze endogene, che in filosofia rimanda alla tradizione antimeccanicistica e anticartesiana di Spinoza e Leibniz*[1]*. Ma, pur mantenendosi nell'orizzonte irrinunciabile per Freud del paradigma energetico,* L'Io e l'Es *rappresenta, quanto a teoria delle pulsioni, una svolta decisiva nella riflessione di Freud, tale da legittimare la scansione dell'intera sua*

[1] Cfr. M.-T. Liske, *Leibniz*, trad. it. di P. Rubini, Il Mulino, Bologna 2007.

opera secondo due distinte, per quanto connesse, raffigurazioni dello psichico, definibili rispettivamente come "prima topica" e "seconda topica".

La prima topica (da topos *= spazio, ossia raffigurazione di un sistema secondo parti e funzioni diverse, tali da essere pensate appunto secondo una certa articolazione nello spazio), la quale concepisce l'articolazione dell'apparato psichico secondo la distinzione tra «Inconscio», «Preconscio» e «Cosciente», comprende una teoria delle pulsioni basata sull'opposizione tra «libido» e «pulsioni dell'Io», ossia tra pulsioni sessuali e pulsioni di autoconservazione del singolo, per cui la vita di ogni essere umano sarebbe attraversata dal dualismo tra "fame" ed "amore": tra la conservazione di sé come individuo e la propagazione della specie di cui è solo un membro transeunte ed accidentale.* Inconscio, Preconscio *e* Conscio, *come viene teorizzato esplicitamente da Freud a partire dal capitolo* VII *dell'*Interpretazione dei sogni, *costituiscono luoghi differenziati della psiche, perché funzionano secondo logiche diverse, ossia secondo modi distinti di associazione delle rappresentazioni e secondo modi eterogenei di attraversamento e di soddisfacimento delle pulsioni. L'*Inconscio *è il luogo e la modalità dell'energia emozionale primaria che Freud caratterizza come «energia libera» e che corre, senza impedimenti e ripensamenti, quanto più rapidamente possibile verso il soddisfacimento del piacere come verso la fuga precipitosa dal dispiacere. È di natura quantitativo-rappresentativa, nel senso di variazioni quantitative di tensione/distensione connesse a scene-immagini di attrazione e repulsione, di realizzazione o negazione del desiderio. Il suo modo di associazione (definito da Freud come «processo primario»), proprio perché basato su energia libera, è senza i vincoli e le reti del linguaggio. Per cui compone desideri e pensieri attraverso la connessione e la sintesi di rappresentazioni, a prevalenza eidetico-visiva, senza il legame discorsivo della parola. Come accade per eccellenza nella formazione del sogno dove l'energia psichica scorre da una rappresentazione all'altra attraverso i meccanismi della condensazione e dello spostamento. Il* Preconscio-Conscio *è caratterizzato invece da una condizione «legata» dell'energia pulsionale, nel senso che il suo tendere verso la scarica non è immediato, bensì è in qualche modo* *sottoposto ad esame e ritardato. Giacché, oltre il principio di piacere, in questo luogo, o meglio in questa specifica modalità di funzionamento della psiche che Freud definisce «processo secondario», è necessario tener conto anche del principio di realtà e fare in modo che la scena del soddisfacimento del desiderio non viva solo nella fantasia e nell'immaginazione ma sia effettivamente disponibile e presente nella realtà.*

Da questo punto di vista Preconscio *e* Conscio *hanno a che fare, diversamente da quanto accade nella modalità inconscia – e questa è un'ulteriore distinzione tra le diverse località della psiche –, con il* linguaggio *e la* percezione.

Dire quanto sia fondamentale la funzione del linguaggio nella psicoanalisi è un'affermazione tanto ovvia quanto banale. È noto che la differenza essenziale tra la terapia psicoanalitica e le terapie mediche consiste nell'essere la prima una talking cure, *una cura che si serve solo di parole e non di farmaci. E che proprio questa sua caratteristica peculiare è quanto viene preso a pretesto dalla medicina ufficiale per sottrarre legittimità scientifica e dignità di riconoscimento alla psicoanalisi. Ma, al di là dello svolgersi del rapporto tra psicoanalista e paziente essenzialmente attraverso il linguaggio, la funzione linguistica è determinante per Freud, non solo nella prima topica come vedremo, per articolare e distinguere le diverse sezioni e le diverse modalità di agire/pensare della psiche. Del resto già nel libretto sulle afasie del 1891 (*Zur Auffassung der Aphasien. Eine kritische Studie*), uno scritto assai importante del periodo d'interessi ancora neurologici e non ancora psicoanalitici del maestro viennese – un saggio, a mio avviso, non studiato e valorizzato a sufficienza nella tradizione degli studi freudiani – Freud aveva teorizzato quella distinzione tra «rappresentazione di cosa» (*Sachvorstellung*) e «rappresentazione di parola» (*Wortvorstellung*), cui rimarrà fedele per tutta la vita e che costituirà una categoria fondamentale e permanente della sua sistemazione teorica.*

Studiando in termini ancora fisiologico-organici la relazione tra lesioni cerebrali e patologie nell'uso del linguaggio il primo Freud aveva infatti evidenziato che le rappresentazioni di cui si anima la nostra vita cosciente non sono elementi semplici, come affermava la tradizione filosofica dell'empirismo, bensì configurazioni multiverse e complesse, perché ogni rappresentazione stringe insieme percezioni d'oggetto (soprattutto di natura visiva) e presenza alla mente di una parola, con una predominanza tra le sue varie componenti (modo in cui una parola viene udita, o letta, o pronunciata, o scritta) della componente auditiva. Una parte rilevante dei disturbi del linguaggio, o afasie, deriverebbero per il Freud "ancora neurologo" dagli impedimenti e dalle scissioni che possono insorgere, nell'ambito generale del pensiero discorsivo, tra rappresentazione di cosa e rappresentazione di parola: «Qualcosa fa pensare che il collegamento fra rappresentazione di parola e rappresentazione d'oggetto sia la parte più facilmente esauribile dell'attività di linguaggio, in un certo senso il suo punto debole»[2]. Ed è proprio la compresenza di queste due dimensioni rappresentative o, viceversa, il darsi della loro scissione-separazione che il Freud della Metapsicologia – il Freud cioè del 1915, ormai ben avanzato nella maturità della scoperta della psicoanalisi – richiama in gioco per differenziare questa volta l'Inconscio dal Conscio, il modo di procedere e di agire primario della psiche da quello secondario. «Ciò che abbiamo potuto chiamare la rappresentazione conscia dell'oggetto si scinde ora nella rappresentazione della parola e nella rappresentazione della cosa; quest'ultima consiste nell'investimento, se non delle dirette immagini della cosa, almeno delle tracce mnestiche più lontane che derivano da quelle immagini. Tutto a un tratto pensiamo di aver capito in che cosa consista la differenza fra una rappresentazione conscia e una rappresentazione inconscia. Contrariamente a quanto avevamo supposto, non si tratta di due diverse trascrizioni dello stesso contenuto in località psichiche differenti e neanche di due diverse situazioni funzionali dell'investimento nella stessa località; la situazione è piuttosto la seguente: la rappresentazione conscia comprende la rappresentazione della cosa più la rappresentazione della parola corrispondente, mentre quella inconscia è la rappresentazione della cosa e basta. Il sistema Inc contiene gli investimenti che gli oggetti hanno in quanto cose, ossia i primi e autentici investimenti oggettuali; il sistema Prec nasce dal fatto che questa rappresentazione della

[2] S. Freud, *L'interpretazione delle afasie*, trad. it. a cura di L. Longato, Sugarco, Milano 1980, p. 150.

cosa viene sovrainvestita in seguito al suo nesso con le relative rappresentazioni verbali. Abbiamo il diritto di supporre che siano tali sovrainvestimenti a determinare una più alta organizzazione psichica, e a rendere possibile la sostituzione del processo primario con il processo secondario che domina nel Prec. *A questo punto siamo in grado di indicare con precisione cos'è che la rimozione ricusa nelle nevrosi di traslazione alla rappresentazione respinta: le ricusa la traduzione in parole destinate a restare congiunte con l'oggetto. La rappresentazione non espressa con parole, o l'atto psichico non sovrainvestito, resta allora nell'*Inc, *rimosso»*[3].

La pratica discorsiva è dunque così essenziale nella terapia psicoanalitica tanto da assegnarle, come abbiamo detto, il suo carattere esclusivo e peculiare a fronte di ogni altra tipologia di terapia medico-farmacologica dei disagi psichici, proprio perché la funzione del linguaggio è la pietra di volta, fin dalla prima topica, della costruzione freudiana quanto a identificazione e differenziazione della logica dell'Inconscio dalla logica del Preconscio-Conscio. Mentre infatti nell'Inconscio si dà solo connessione tra affetto e rappresentazione di cosa, in un'urgenza del desiderio che corre libero, senza ostacoli, verso la scena del suo soddisfacimento, nel Preconscio-Conscio la rappresentazione di cosa e il suo affetto vengono congiunte con una rappresentazione di parola, connessa a sua volta attraverso la connessione di parola a parola – attraverso cioè il sistema della lingua – ad una catena di significanti che consentono di raffreddare *e* relativizzare *l'affetto in questione, agganciandolo e sollevandolo su uno scenario più aperto e più ampio della scena ossessiva ed obbligata del suo soddisfacimento*[4]. *Per cui è proprio la natura del linguaggio di essere simbolo – ossia che il segno linguistico è composto di un significante e di un significato e che la parola non è immediatamente la cosa che esprime – che offre a Freud, sia nei suoi scritti di carattere teorico o metapsicologici sia nella sua metodologia clinica, il cuore del passaggio dal modo di procedere primario a quello secondario della psiche. Il linguaggio non è l'affetto, non è l'*agito, *ma è quella*

[3] Id., *L'Inconscio*, trad. it. di Jean Sanders e Leonardo Breccia, in *Opere 1886-1921*, Newton Compton, Roma 2009.

[4] Sulla tematica del rafffredamento degli affetti cfr. A.B. Ferrari, *L'eclissi del corpo. Una ipotesi psicoanalitica*, Borla, Roma 1992.

funzione della mente che consente, senza negarli, di accogliere la pulsione e l'affetto, prendendone quel tanto di distanza che consente di soddisfarli tenendo conto della costituzione e della struttura della realtà esterna.

La linea di frazione che nel segno linguistico distingue significante da significato – ossia, in termini freudiani, che connette e distingue rappresentazione di parola da rappresentazione di cosa – è la medesima linea di confine che, nella prima topica freudiana, separa l'Inconscio dal Preconscio-Conscio. L'Inconscio coincide qui con il «rimosso», ovvero con la rappresentazione di cosa che, scissa e separata dalla rappresentazione di parola ad essa corrispondente, precipita nella modalità primaria ed inelaborabile della psiche, ossia in quelle rappresentazioni inconsce dell'emotività che, non soddisfatte ed elaborate, costituiscono il deposito permanente e costantemente reiterabile da cui attingono tutte le sofferenze e le patologie psichiche dell'essere umano. E questo accade quando appunto la funzione simbolica traligna e decade a funzione di censura, che impedisce l'accesso alla coscienza e al linguaggio delle rappresentazioni e degli affetti indicibili, rimuovendoli ed abbandonandoli ad una dimensione incistata e reificata nell'Inconscio. Mentre al di là della censura, o cesura di confine, si colloca per il primo Freud tutta l'attività del Preconscio-Conscio. La cui differenziazione tra Preconscio e Conscio rimanda a quanto, anche qui, già il Freud del Progetto di una psicologia, *ancora a mezzo tra neurologia e psicoanalisi, aveva teorizzato sull'esistenza nell'apparato cerebrale di due classi di neuroni: rispettivamente i neuroni ψ o neuroni impermeabili che assolvono alla funzione della memoria, in quanto vengono modificati in modo permanente dall'esperienza (in termini energetici perché trattengono energia e vengono così permanentemente influenzati dall'eccitamento) e, invece, i neuroni φ, o neuroni permeabili, che assolvono alla funzione della percezione cosciente, in quanto, non trattenendo in alcun modo energia, «si ritrovano nelle condizioni di partenza anche dopo il passaggio di un eccitamento»[5], non conservano tracce degli investimenti energetici che li attraversano, essendo così in grado di ricevere*

[5] S. Freud, *Progetto di una psicologia*, trad. it. di G. Soavi (rivista e rielaborata), in *Opere*, Boringhieri, Torino 1968, vol. II, p. 205.

costantemente, con i nuovi eccitamenti, nuovi contenuti d'esperienza. Così il Preconscio è costituito, alla pari dei neuroni ψ modificati in modo permanente, da rappresentazioni legate tra loro, da conoscenze e memorie non in atto, cioè non consce, ma potenzialmente sempre accessibili alla coscienza. Ossia il Preconscio è formato da nessi permanenti tra rappresentazioni che legano l'energia libera del processo primario e che come tali costituiscono la base del pensare. Comprende perciò tutto ciò che sfugge alla coscienza in atto, senza essere inconscio nel senso del rimosso. Invece il Conscio, o «sistema percezione-coscienza», come anche lo chiama Freud, proprio perché è privo di ricordi e di tracciati già consolidati di rappresentazioni è in grado di percepire ed accogliere informazioni e contenuti d'esperienza sempre nuovi e diversi. Estraneo alla profondità dell'apparato psichico, cioè ai sistemi di tracce mnestiche che costituiscono il Preconscio e l'Inconscio, il sistema percezione-coscienza si colloca per Freud alla periferia dell'apparato psichico.

Ed è proprio tale sua collocazione periferica e decentrata a spiegare l'incomprensione che spesso s'è generata, questa volta più che tra la psicoanalisi e la medicina, tra la psicoanalisi e la filosofia che, se attribuisce, come di frequente accade soprattutto nella storia della sua modernità, centralità, invece, ed esaustività alla coscienza e ai suoi contenuti, non può, com'è evidente, che avere sospetto e supponenza di superiorità nei confronti di un decentramento così radicale dell'ambito cosciente. Infatti, come scrive lo stesso Freud proprio in L'Io e l'Es: *«Per la maggior parte di coloro che hanno una formazione filosofica, l'idea di un qualcosa di psichico che non sia anche cosciente è talmente inconcepibile da apparire assurda e confutabile con una logica semplice»*[6]*. È solo la scoperta della differenziazione tra modo primario e modo secondario di operare e di pensare della psiche, è solo la scoperta della logica del pensare onirico e del suo modo di comporre pensieri del tutto eterogeneo rispetto a quello logico-discorsivo, è insomma l'intera teoria freudiana depositata nella prima topica la quale configura la psiche umana come composta della compresenza di tre «stanze», a poter far comprendere quanto la coscienza*

[6] Vedi oltre in questo volume, p. 32.

coincida con una parte, indispensabile, ma appunto parziale e limitata dell'apparato psichico.

La funzione fondamentale, come s'è detto, della coscienza è la percezione, ossia la modificazione del nostro sentire dovuta contemporaneamente all'accadere di eventi reali provenienti dal mondo esterno come alle variazioni del nesso piacere-dispiacere provenienti dal nostro mondo interno. Per questa centralità della percezione, Freud chiama il Conscio anche «sistema percezione-coscienza». La percezione è, secondo quanto aveva già teorizzato Kant, sinonimo di essere, *modificazione* imposta *al nostro sentire e che dunque non dipende dalla nostra volontà. Lo svolgersi della percezione si compie sotto il dominio del principio di realtà e coglie non ciò che si consuma e vive nella nostra fantasia ma ciò che esiste realmente. Tanto che si può dire che il ruolo che nel processo primario e nei sogni assume l'*allucinazione, *come soddisfacimento del desiderio attraverso fantasia, nel processo secondario lo assume la* percezione, *quale funzione di base del sistema percezione-coscienza.*

2. Dalla prima alla seconda teoria delle pulsioni

*Ma con la pubblicazione dell'*Io e l'Es *che cosa cambia rispetto a questo quadro teorico appena delineato? In che cosa consiste la variazione della cosiddetta seconda topica, o teoria generale della psiche, rispetto alla prima topica? E che cosa rimane invece immutato nel pensiero di Sigmund Freud, tale che si possa, come si deve, parlare, a proposito della sua opera, di una discontinuità nella continuità e non d'incomprensibili quanto inattendibili rotture?*

Non staremo qui a considerare quanto le vicende personali e biografiche – i lutti, i dolori, le privazioni – della vita del maestro viennese, intrecciate in quegli anni alla tragedia della prima guerra mondiale e alla catastrofe dell'impero austro-ungarico, abbiano potuto influenzare Freud nella messa a tema di un Todestrieb, *di una pulsione di morte che nell'essere umano si oppone alle pulsioni di vita. Qui basti dire che la teorizzazione di una tendenza implicita nel* bios *ad eliminare ogni grado di tensione/eccitazione e a ricondurre l'essere vivente a uno stato inorganico – appunto di morte – approfondisce e radicalizza quanto già il Freud del* Progetto di una psicologia *e poi dell'*Inconscio *della prima topica aveva postulato con il principio d'inerzia neuronica, secondo cui i neuroni psichici hanno l'obbligo di evacuare completamente la quantità d'energia da cui sono investiti. Riflettendo su quanto la psiche tende, non tanto a fuggire, quanto invece a ripetere e a riattualizzare esperienze di dispiacere e di dolore, il Freud della seconda topica, a proposito di una tendenza della vita a correre verso la morte, parla, riprendendo un tema classicamente schopenhaueriano, di un «principio del Nirvana» come impulso a negare la vita, caratterizzata da investimento energetico e dall'attività che ne consegue, e a ridurre perciò a zero ogni grado possibile di eccitazione.*

Ma è appunto la comparsa, accanto ed oltre Eros, di Thanatos, ossia del potere della morte accanto alla potenza dell'amore e alla vita, che costituisce il punto di maggiore torsione ed evoluzione del sistema freudiano. La teorizzazione della presenza originaria nella vita dell'essere umano di una forza che tende a distruggere i legami, il congiungimento affettivo, la compartecipazione operosa con gli altri esseri umani – ossia di una forza che, opponendosi alle costruzioni solidali della vita, slega e decostruisce, cedendo all'invidia e all'aggressività verso l'altro, fino a giungere all'autodistruzione di sé – trasforma infatti e ridisegna la dottrina freudiana delle pulsioni consegnata alla prima topica, e, con essa, l'intero modello dell'apparato psichico. Il conflitto delle forze pulsionali ora non è più tra pulsioni sessuali e pulsioni di autoconservazione o pulsioni dell'Io, non è più "amore" e "fame", tra legge di perpetuazione e riproduzione della specie, del collettivo, da un lato e affermazione del diritto del singolo alla sua individualità dall'altro, bensì tra Eros e Thanatos.

Ma l'elaborazione freudiana non si limita ad una ridefinizione della sola natura e qualità delle pulsioni. Con la comparsa della morte quale componente costitutiva del mondo degli affetti è l'intero sistema dell'apparato psichico che si riorganizza e si ridefinisce. Alle tre stanze *della prima topica che venivano designate attraverso un aggettivo, Inconscio, Preconscio e Conscio, subentrano tre* istanze *che si definiscono attraverso pronomi personali, «Es», «Io» e «Super-io» (dove* es, *com'è noto, è nella lingua tedesca il pronome di terza persona impersonale). In que-*

sta nuova triade l'Es costituisce il fondo senza fondo, tra mente e corpo del vivente, il serbatoio delle sue forze e spinte pulsionali più originarie e legate alla corporeità. Per questo suo radicamento nel corpo, l'Es è il fondamento originario della vita dell'apparato psichico. Non nasce e non deriva più unicamente dalla rimozione, come accadeva all'Inconscio della prima topica. Ma include, nel suo orizzonte, integralmente inconscio, sia contenuti e movenze psichiche innate e originarie che dinamiche emozionali-rappresentative rimosse ed acquisite.

L'Io è invece l'istanza centrale della personalità, devoluta alla sua difesa e conservazione. La sua funzione essenziale è quella della sintesi, del ricondurre cioè a coerenza e compatibilità le varie componenti della vita di un singolo. Nel senso che l'Io deve compiere un'opera costante di mediazione tra i desideri dell'Es, il moralismo esasperato del Super-io e le possibilità effettive messe a disposizione dalla realtà. Esso si genera per differenziazione dall'Es, di cui costituisce la parte più in superficie e perciò più a contatto con la realtà esterna. Ma, affondando le sue radici nell'Es, coincide solo in parte con la coscienza, giacché molte delle sue operazioni difensive e inibenti, tendenti a legare l'energia libera dell'Es, sono esse stesse inconsce e non percepite dalla coscienza.

Infatti del tutto inconsce sono le funzioni, insieme, della censura critica e dell'Ideale dell'Io quando si esercitano secondo i gradi più estremizzati ed assoluti di giudizio e che Freud sintetizza nella terza istanza del Super-io. Essa svolge, in negativo, la funzione della legge che vieta e, in positivo, quella del modello di elevata perfezione secondo cui comportarsi ed agire. Nasce anch'essa dall'Es attraverso il singolare movimento psichico che per Freud trasforma un investimento amoroso, originariamente compiuto su un oggetto o una persona esterna, in una successiva assimilazione e identificazione con gli stessi. Come accade, in particolare, con la fuoriuscita, cui tutti siamo obbligati, dal complesso di Edipo, quando la necessaria perdita dell'oggetto d'amore viene ricompensata con l'incorporazione-identificazione dell'oggetto perduto. L'identificazione inconscia con il padre e la madre, in primo luogo, e poi con tutte le figure che ripropongono l'autorevolezza e la superiorità delle figure parentali, determina quella che poi sarà la voce della coscienza, la co-

scienza morale, a testimonianza di quanto per Freud la psicoanalisi si possa spingere nei territori della filosofia sottraendole assolutezza ed autonomia. Per cui non solo la filosofia del conoscere, come s'è visto, con la teorizzazione, discriminante per la psicoanalisi, del darsi di un pensiero inconscio, ma ora anche la filosofia dell'agire, visto che anche i dettami del comportamento, con la distinzione del bene dal male, di ciò che è permesso da ciò che è vietato, di ciò che va evitato e di ciò che va perseguito al massimo grado, insomma la formazione di ciò che è detto il carattere, nascono da dinamiche e movimenti pulsionali, da investimenti, spostamenti, desessualizzazioni e sublimazioni dell'energia psico-corporea. La coscienza morale, che giunge ad assumere le configurazioni più estreme, più autoritarie, più univoche del Super-io, da cui nasce il senso di colpa, ha la sua genesi nei primi investimenti oggettuali dell'Es.

3. Dalle «stanze» alle «istanze»

La seconda topica freudiana, la topica delle tre istanze *(Es, Io, Super-io), non annulla la prima topica, la topica delle* stanze *(Inconscio, Preconscio, Conscio), ma si connette e si accompagna ad essa. Anche con* L'Io e l'Es *permane alla base della concezione freudiana dell'essere umano una biologia psichica di natura economico-dinamica. La pulsione (*Trieb*) che per Freud si colloca «al limite tra lo psichico e il corporeo» rimane il principio della vita, quale carica di energia – sia essa costruttiva o distruttiva non importa – che spinge (*trieben*) verso la sua scarica e il suo soddisfacimento. La carica di energia, che in ambito propriamente somatico si avverte come accumulo e tensione quantitativa, nella psiche si manifesta propriamente come un affetto connesso a un suo rappresentante ideativo. Rappresentante ideativo ed affetto, ovvero scena/immagine del desiderio ed affetto, possono essere scissi e separati, con una diversa ed autonoma collocazione nei diversi spazi della vita della mente (inconscio, preconscio e conscio). L'affetto in particolare, separato dal proprio rappresentante ideativo, può muoversi e spostarsi producendo combinazioni singolarissime sia in termini di economia del corpo che in termini di economia della mente.*

Solo che la comparsa, accanto all'aggettivo del pronome per-

sonale, accanto alla stanza *della* istanza, *implica una profonda elaborazione del modello dell'apparato psichico nel senso della personificazione e della drammatizzazione*[7]*. Le varie parti in gioco della psiche ora sono persone ed esprimono con ciò quanto sia maturata in Freud la concezione della struttura e dell'articolazione molteplice della personalità umana. Attraverso la sostantificazione dei pronomi personali, ossia attraverso la loro ulteriore trasformazione da pronomi in nomi – e come tali capaci di essere indicati con l'articolo determinativo (l'Es, l'Io e il Super-io) – Freud dà vita alla pluralità di voci e di forze, non omogenee, presenti entro il soggetto umano. Vale a dire che con la seconda topica giunge ad afferrare e a teorizzare effettivamente la natura sociale dell'interiorità umana. Ma non nel senso del banale riduzionismo, come spesso è stato fatto dal marxismo e dal materialismo più volgare, dell'essenza umana alla società esterna, o, come si usava dire, all'insieme dei rapporti sociali, ma nel senso, del tutto specifico, per il quale l'intrasoggettività dell'essere umano si organizza lungo un asse verticale costituito da molteplici attori, la cui socialità o conflitto sono assai diversi dalle trame della socialità intersoggettiva che lega gli esseri umani sul piano delle istituzioni collettive e sociali.*

Es, Io *e* Super-io *rappresentano infatti ormai una pluralità di soggetti intrapsichici all'interno del soggetto apparentemente uno, ciascuno con le proprie richieste e le proprie intenzioni. L'Es personifica, in quanto rappresentanza del corpo nella mente, l'autorità del desiderio, il potere della pulsione ovvero, come dirà successivamente Freud nel* Compendio di psicoanalisi, *«la più antica di queste provincie o istanze della psiche: suo contenuto è tutto ciò che è ereditato, presente fin dalla nascita, stabilito per connessione, innanzitutto dunque le pulsioni che traggono origine dall'organizzazione corporea, e che trovano qui, in forme che non conosciamo, una prima espressione psichica»*[8]. Il Super-io, *come rappresentanza, non del corpo ereditato, ma dell'identificazione con altre persone, sintetizza il potere della coscienza morale giudicante e nello stesso tempo delle idealizzazioni onnipotenti*. L'Io, *come potere della sintesi e*

[7] Cfr. A. A. Semi (a cura di), *Trattato di psicoanalisi*, Cortina, Milano 1990, vol. I, pp. 119-128.

[8] S. Freud, *Compendio di psicoanalisi*, trad. it. di R. Colorni, in *Opere*, Boringhieri, Torino 1979, vol. XI, pp. 572-573.

dell'autoconservazione, come percezione della realtà e come mediazione tra ciò che all'individuo proviene dal passato (Es e Super-io) e ciò che sperimenta in prima persona.

Ma, si noti bene, tale pluralità di poteri e di "persone" all'interno dell'individuo non rimanda per Freud a una molteplicità caotica, a una composizione sempre nuova e mai ripetuta di forze, ad un multiverso rizomatico indefinibile e inconoscibile. Bensì a un apparato che va inteso come snodo e articolazione di parti, le cui diversità di strutture e le cui congiunzioni e giunture sono ben evidenziabili e conoscibili. Freud conosce, com'è noto, sia Schopenhauer che Nietzsche e certamente può avere accolto molte sollecitazioni dalla loro lettura. Ma è ben lontano dal dualismo di assoluta eterogeneità che Schopenhauer ha posto tra corpo-volontà da un lato e mente-rappresentazione dall'altro. Dualismo, per il quale la volontà, essendo radicalmente ed ontologicamente altra dall'ambito conoscitivo, è necessariamente cieca ed irrazionale. Nel senso che è un volere, quello schopenhaueriano, che, nella sua assenza di ogni mediazione con l'ordine del sapere che dà forma e identità al mondo, non può che essere un volere tanto imperscrutabile quanto inesauribile nel suo distruggere ininterrottamente ogni sua possibile creazione, visto che fermarsi e coincidere con qualsivoglia costrutto significherebbe cadere in quell'identità e permanenza di forma che per natura gli è del tutto estranea ed incongrua. Come Freud è ben lontano dalla radicalità con cui Nietzsche fa del corpo, di contro alla mente, il luogo di ogni senso, visto che per lui la vita del corpo è un continuo mutare della composizione delle forze multiverse e caotiche che lo attraversano. E che si dà vita e «superuomo» solo quando si compone un parallelogramma di forze in cui una domina e organizza gerarchicamente le altre: e che si dà invece non-vita, e umanità gregaria e collettiva, quando tale aristocratica egemonia dell'uno sui molti viene meno e cede il campo ad una giustapposizione compromissoria e senza vigore delle une accanto alle altre[9].

In tal senso Freud è ben lungi dall'essere filosofo, soprattutto se la filosofia frequenta estremismi metafisici e differenze onto-

[9] Su ciò mi permetto di rinviare alle voci *Schopenhauer* e *Nietzsche*, in Finelli - Papa - Montanari - Cascione, *Le libertà dei moderni*, Liguori, Napoli 2003, rispettivamente pp. 69-74 e pp. 135-146.

logiche incomponibili. Al nostro interessa render conto, non dell'estremizzazione e della valorizzazione univoca di parti, ma della vita dell'essere umano nella complessità delle sue funzioni. Interessa dar conto analiticamente di una composizione unitaria e sintetica di mente e corpo che si realizza a dispetto e contro, ogni volta, alla sua possibile crisi e scomposizione. Ma tale scomposizione – a muovere dal modello ideale della Critica della ragion pura *di Kant e della sua differenziazione trascendentale di due (o tre) facoltà costituenti l'animo umano, ciascuna definita secondo diversità ben determinate di funzione – avviene attraverso luoghi e modalità d'essere ben strutturati e ciascuno retto, entro di sé, da uno specifico principio organizzativo. Così nella nuova serie di lezioni di* Introduzione alla psicoanalisi *del 1932 Freud, a proposito della «scomposizione della personalità psichica» potrà scrivere: «D'altronde siamo abituati all'idea che la patologia possa rendere evidenti, ingigantendole e rendendole più vistose, condizioni normali che altrimenti ci sarebbero sfuggite. Dove la patologia ci mostra una frattura o uno strappo, può esservi normalmente un'articolazione. Se gettiamo per terra un cristallo, questo si frantuma, ma non in modo arbitrario; si spacca secondo le sue linee di sfaldatura in pezzi i cui contorni, sebbene invisibili, erano tuttavia determinati in precedenza dalla struttura del cristallo»*[10]*. La personalità si scompone non in mille frammenti ma secondo percorsi e trame che rimandano a una preesistente organizzazione, il cui senso strutturato e la cui articolazione di funzioni stanno alla base dell'intendimento della patologia come della normalità.*

Certo è peraltro indubbio che lo stesso Freud abbia affermato che l'Es sia «un caos» e che abbia scritto sempre nelle medesime pagine: «Attingendo alle pulsioni esso si riempie di energia, ma è privo di un'organizzazione; non produce una volontà collettiva»[11]*. Ma l'Es è privo di organizzazione solo se confrontato con l'Io e con il principio costitutivo che a questo attiene del tener conto della complessità dell'intero apparato psichico e della sua possibile riconduzione a sintesi e coerenza. Giacché* di per sé *anche l'Es possiede per Freud funzioni strutturanti, che*

[10] S. Freud, *Introduzione alla psicoanalisi. Prima e seconda serie di lezioni*, Newton Compton, Roma 2010.
[11] *Ibid.*

lo connotano secondo legalità e identità di modi. È caratterizzato dal processo primario come modo specifico di funzionamento della mente in cui l'assenza della funzione simbolica del linguaggio consente all'energia pulsionale di correre e svolgersi liberamente. E in cui, perciò, l'assenza delle catene discorsive genera sia modalità peculiari di associazione delle rappresentazioni e di formazione dei pensieri, come accade attraverso i meccanismi di condensazione e spostamento, sia inibizioni alla meta e diversioni del movimento pulsionale che iscrivano patologie e sintomi nella geografia del corpo. È connotato dunque da un modo di pensare concreto che, privo di capacità astrattive e simboliche, pensa attraverso catene e associazioni allucinatorie o attraverso il linguaggio e la simbolizzazione del corpo. Ma, soprattutto, come Freud ci dice proprio in L'Io e l'Es, *l'Es è strutturato dialetticamente, secondo una compresenza di opposti, quali sono appunto l'Eros, con la sua valenza costruttiva, e la pulsione di morte con la sua capacità distruttiva e annichilente. Nell'Es «sussistono pulsioni contraddittorie che restano giustapposte senza elidersi o sottrarsi tra loro».*

Ora il fatto che l'Es per Freud abbia una struttura e che questa struttura sia di natura dialettica – ossia in esso esistono due specie di pulsioni radicalmente opposte tra loro, e perciò l'una mai riducibile all'altra in quanto composte di una natura qualitativa reciprocamente eterogenea – è, evidentemente, determinante e fondamentale per comprendere non solo la discontinuità tra prima e seconda topica ma, più approfonditamente, la continuità-discontinuità tra le diverse istanze dell'apparato psichico. La dislocazione dal nesso genere-individuo *della prima topica al nesso* Eros-Thanatostrieb *della seconda assegna infatti al dualismo pulsionale una più marcata simmetria oppositionale. E opposizione simmetrica significa opposizione irriducibile dove un polo non domina mai, annientandolo, l'altro, ma dove ciò che è presente è sempre un impasto, una mescolanza di entrambi, o anche un disimpasto e uno scioglimento reciproco, ma senza che l'uno, anche nella possibile e momentanea egemonia dell'altro, scompaia mai effettivamente dalla scena, a costo di spostarsi e apparire, forse camuffato ma presente ed operoso, in un altro luogo dell'apparato psichico.*

*Basta seguire nel capitolo quinto dell'*Io e l'Es *la concettualiz-*

zazione e la descrizione clinica che Freud fa dei rapporti tra Es, Io e Super-io nelle sofferenze e nei disagi esistenziali, rispettivamente del nevrotico ossessivo e del melanconico, per cogliere quanto il movimento delle opposte pulsioni, di Eros e Thanatos, sia variamente determinante a seconda dell'una o dell'altra patologia. Come cioè regressione del soggetto a fasi superate del suo sviluppo, disimpasto della pulsione amorosa da quella distruttiva, dirottamento dell'aggressività verso l'esterno o dislocazione dell'aggressività nel Super-io, capovolgimento dell'una pulsione nell'altra, stiano a testimoniare di quanto il movimento degli opposti, nella varietà delle possibili forme dinamiche del loro intreccio, del loro scomporsi, costruisca la struttura dialettica e plurale della interiorità.

A patto però di mantenere lucidamente distinte, nell'ambito più generale dell'antropologia umana, la società interiore del singolo da quella esteriore della società propriamente detta. Asse verticale *ed* asse orizzontale *di costituzione della soggettività, relazione con l'altro di sé e relazione con l'altro da sé, sono entrambi imprescindibili e necessariamente compresenti, e il loro interagire, nello sviluppo e nell'intensificazione di vita come nell'impedimento e nella mortificazione del vivere, non può che essere sempre attentamente studiato e analizzato proprio nella reciprocità d'influenza e di formazione di entrambe quelle dimensioni. Ma la* interior societas *si costruisce attraverso forze, strutture e modalità di relazione profondamente diverse da quelle che compongono la* exterior societas. *In questa sapienza dei distinti sta tutto il campo di legittimità, teorica e clinica, della psicoanalisi, come il limite da rispettare di fronte alle competenze degli altri saperi.*

Il saggio di Freud che qui presentiamo al pubblico italiano, nella nuova traduzione di Irene Castiglia, è dunque un testo esemplare per cominciare a conoscere l'interiorità umana, non nel verso del mondo caotico e «rizomatico» del non-senso, né in quello abissale delle differenze ontologiche o degli sprofondamenti religiosi, ma in quello della sua profondità strutturata che si espone e si offre al mondo della relazioni sociali e intersoggettive.

ROBERTO FINELLI

Il seguente lavoro è la prosecuzione di ragionamenti iniziati nel mio scritto *Al di là del principio del piacere* del 1920, ragionamenti che, come lì è ricordato, affrontavo con una certa benevola curiosità. Quelle idee vengono qui raccolte, messe in relazione a diversi dati dell'osservazione analitica, e si cerca di dedurre nuove conclusioni da questi collegamenti, senza, tuttavia, ricorrere nuovamente a concetti della biologia. Per tale motivo è un lavoro più aderente alla psicoanalisi di *Al di là del principio del piacere*. Non si tratta di una speculazione, quanto piuttosto di una sintesi che sembra voler mirare in alto. Tuttavia sono consapevole che questo scritto non va oltre affermazioni approssimative e accetto tale limite.

Inoltre, queste riflessioni riguardano cose che finora non sono state oggetto del lavoro psicoanalitico e non possono evitare di sfiorare alcune teorie formulate da non analisti o da ex analisti ritirati dall'analisi. In genere sono sempre stato pronto a riconoscere i miei debiti nei confronti di altri autori, in questo caso però non mi sento gravato di alcun debito di riconoscenza. Se la psicoanalisi finora non si è interessata di certe cose, ciò non è mai accaduto perché le avesse tralasciate o perché volesse smentire il loro significato, ma perché seguiva una determinata strada che non aveva ancora condotto così lontano. E infine, quando è giunta ad occuparsene, anche quelle cose le appaiono diversamente da come le vedono gli altri.

1. Coscienza e inconscio

In questo paragrafo introduttivo non c'è nulla di nuovo da dire e non si può evitare di ripetere quanto nel complesso è stato più volte affermato in precedenza.

La distinzione dello psichico in ciò che è cosciente e ciò che è inconscio è il presupposto fondamentale della psicoanalisi e, da sola, dà la possibilità di capire i processi patologici, frequenti e allo stesso tempo importanti, della vita psichica e di ordinarli scientificamente. Ossia detto in altre parole: la psicoanalisi non può far coincidere l'essenza dello psichico con la coscienza, ma deve considerare la coscienza come una qualità dello psichico che può aggiungersi ad altre qualità o mancare.

Se immaginassi che tutti coloro che si interessano di psicologia leggessero questo scritto sarei anche preparato al fatto che già a questo punto una parte dei lettori si fermi e non prosegua; infatti qui si trova il primo *scibbolet* della psicoanalisi. Per la maggior parte di coloro che hanno una formazione filosofica, l'idea di un qualcosa di psichico che non sia anche cosciente è talmente inconcepibile da apparire assurda e confutabile con una logica semplice. Credo che ciò dipenda unicamente dal fatto che queste persone non hanno mai studiato i fenomeni che riguardano l'ipnosi e il sogno, i quali – a prescindere dagli aspetti patologici – obbligano a una tale concezione. La loro psicologia della coscienza tuttavia è anche incapace di risolvere i problemi del sogno e dell'ipnosi.

"Essere cosciente" è innanzitutto un termine puramente descrittivo che si riferisce alla percezione più immediata e sicura. L'esperienza ci mostra poi che un elemento psichico, ad esempio una rappresentazione, di solito non è a lungo cosciente. Piuttosto, è tipico che lo stato di coscienza venga superato velocemente; la rappresentazione che ora è cosciente non lo è più nel momento successivo, e può diventarlo nuovamente solo a certe condizioni facilmente realizzabili. Non sappiamo dire cosa sia stata nel frattempo, possiamo dire che è diventata *latente*, e intendiamo con ciò che essa è stata in ogni momento *capace di diventare cosciente*. Anche dicendo che è diventata *inconscia*, abbiamo fornito una descrizione corretta. Questo inconscio coincide allora con ciò che è *latente e capace di diventare cosciente*. I filosofi potrebbero obiettare: «No, il termine inconscio non può essere usato in questo caso, finché la rappresentazione è stata allo stato di latenza non era nulla di psichico». Se replicassimo già a questo punto, ci troveremmo in una discussione terminologica dalla quale nessuno uscirebbe vincitore.

Siamo invece giunti al termine o concetto d'inconscio per un'altra strada, attraverso l'elaborazione di esperienze nelle quali prende parte la *dinamica* psichica. Abbiamo appreso, cioè dobbiamo ammettere, che esistono processi psichici o rappresentazioni molto forti – qui per la prima volta si prende in considerazione un fattore quantitativo e dunque economico –, le quali possono produrre nella vita psichica tutti gli effetti che producono le comuni rappresentazioni, anche quegli effetti che, a loro volta, possono diventare coscienti come rappresentazioni, pur se le rappresentazioni che li producono non sono coscienti. Non è necessario ripetere qui in maniera dettagliata ciò che è stato già spesso descritto[1]. Sul punto è sufficiente dire che la teoria psicoanalitica ritiene che tali rappresentazioni non possano essere coscienti, poiché una certa forza si oppone alla possibilità che diventino coscienti, e che altrimenti si vedrebbe quanto poco esse si differenziano dagli altri elementi psichici riconosciuti come tali. Questa teoria diventa inconfutabile per il fatto che la tecnica psicoanalitica possiede mezzi con i quali si può vincere la forza che si oppone e rendere coscienti le rappresentazioni in questione. Chiamiamo *rimozione* [*Verdrängung*] lo stato nel quale si trovano queste rappresentazioni prima di divenire coscienti e riteniamo che la forza che ha causato e ha mantenuto la rimozione sarà sentita, nel corso del lavoro psicoanalitico, come *resistenza* [*Widerstand*].

Il nostro concetto di inconscio deriva dunque dalla teoria della rimozione. Il rimosso è per noi il modello dell'inconscio. Vediamo però che abbiamo due tipi d'inconscio: il latente, capace

[1] [Così in *Nota sull'inconscio in psicoanalisi* (1912), in *Opere 1886-1921*, Newton Compton, Roma 2009].

di diventare cosciente, e il rimosso che, di per sé, è senz'altro incapace di diventare cosciente. La nostra idea della dinamica psichica non può non influire sulla nomenclatura e sulla descrizione. Chiamiamo *preconscio* ciò che è latente, ovvero che è inconscio solo dal punto di vista descrittivo, non in senso dinamico; il nome *inconscio* lo usiamo per indicare ciò che è rimosso, dinamicamente inconscio, cosicché ora abbiamo tre termini, cosciente (c.), preconscio (prec.), e inconscio (inc.), il cui senso non è più puramente descrittivo. Riteniamo che il preconscio sia molto più vicino al cosciente dell'inconscio e, poiché abbiamo chiamato l'inconscio lo psichico, dovremmo fare lo stesso con il preconscio latente. Ma non sarebbe preferibile rimanere d'accordo con i filosofi e, di conseguenza, separare il preconscio e l'inconscio dallo psichico cosciente? I filosofi ci consiglierebbero allora di descrivere il preconscio e l'inconscio come due modi o stadi dello *psicoide* e ci troveremmo d'accordo. Tuttavia questo avrebbe come conseguenza infinite difficoltà nella rappresentazione e l'unico fatto importante, il fatto che questi psicoidi concordano con lo psichico riconosciuto in quasi in tutti gli altri punti, andrebbe in secondo piano a favore di un pregiudizio che proviene dal tempo in cui questi psicoidi, o la loro parte più significativa, non erano ancora conosciuti.

Ora possiamo facilmente trafficare con i nostri tre termini, conscio, preconscio e inconscio, se solo non dimentichiamo che esistono due tipi di inconscio in senso descrittivo, ma solo uno in senso dinamico. Per alcuni scopi si può trascurare questa distinzione nell'esposizione, per altri essa è naturalmente indispensabile. Ci siamo piuttosto abituati a questo doppio significato dell'inconscio e ce la caviamo bene. Per quanto ne so è inevitabile; in fondo la distinzione tra cosciente e inconscio è una domanda sulla percezione, alla quale si risponde sì o no, e l'atto stesso della percezione non dà alcuna informazione sul motivo per cui qualcosa è percepito o non è percepito. Non ci si può lamentare del fatto che, al livello del fenomeno, l'elemento dinamico trovi solo un'espressione ambigua[2].

[2] Sul punto cfr. *Nota sull'inconscio in psicoanalisi* (1912). In proposito è degna di nota una recente posizione nella critica dell'inconscio. Alcuni ricercatori che non negano l'esistenza dei dati psicoanalitici, ma che non vogliono ammettere l'inconscio, si procurano una via d'uscita con l'aiuto del fatto incontestabile che anche la coscienza – come fenomeno – presenta una fitta serie di gradazioni di intensità o di chiarezza. Così come esistono processi che sono coscienti in modo molto vivace, vitale, concreto, ne conosciamo anche

Nel corso del lavoro psicoanalitico emerge però che anche queste distinzioni non bastano, nella pratica sono insufficienti. Tra le situazioni che mostrano tale insufficienza, la seguente spicca in modo determinante. Ci siamo rappresentati nella persona un'organizzazione unitaria dei processi psichici che chiamiamo l'*Io*. A questo Io aderisce la coscienza, esso domina l'accesso alla motilità, ovvero alla scarica delle eccitazioni nel mondo esterno; l'Io è quella istanza psichica che esercita un controllo su tutti i processi parziali, la quale dorme durante la notte e opera la censura nel sogno. Da questo Io derivano anche le rimozioni attraverso le quali certe tendenze psichiche devono essere bandite non solo dalla coscienza, ma anche dagli altri modi di mettersi in risalto e di azionarsi. Ciò che è stato messo da parte con la rimozione si contrappone all'Io nell'analisi, ed essa ha il compito di vincere le resistenze che l'Io manifesta nei confronti del lavoro sul rimosso. Ora, durante l'analisi osserviamo che il malato si trova in difficoltà quando gli poniamo certi compiti, e le sue associazioni vengono meno quando devono avvicinarsi a ciò che è rimosso. Diciamo dunque al malato che in quel momento agisce in lui una resistenza, ma egli non ne sa nulla. E anche quando, a causa dei suoi sentimenti spiacevoli [*Unlustgefühlen*], dovesse intuire che una resistenza sta agendo

altri che sono coscienti solo debolmente e appena percettibili, e per quelli che sarebbero minimamente coscienti la psicoanalisi vorrebbe usare la parola inappropriata di "inconscio". Questi processi però sarebbero anche coscienti o "nella coscienza" e potrebbero diventare completamente coscienti quando gli si dedicasse sufficiente attenzione. Nella misura in cui la soluzione di una tale questione, che dipende da una convenzione o da fattori emotivi, può essere influenzata da argomenti, si può qui notare quanto segue: l'indicazione di una scala di chiarezza della coscienza non ha nulla di vincolante e non ha più forza probante delle seguenti affermazioni che sono pressappoco analoghe: ci sono così tante gradazioni dell'illuminazione, dalla luce più abbagliante e accecante fino al debole chiarore, quindi, in assoluto, non c'è mai oscurità. Oppure: ci sono diversi gradi di vitalità, di conseguenza non esiste la morte. Queste affermazioni possono essere, in un certo senso, significative, ma in pratica sono inutilizzabili, così come si dimostrano quando si vogliano far discendere da esse determinate conseguenze, per esempio: non c'è bisogno di accendere la luce, oppure: dunque tutti gli organismi sono immortali.

Con la sussunzione dell'impercettibile nella coscienza, non si ottiene altro che rovinare l'unica immediata sicurezza che vi è nello psichico in genere. Una coscienza di cui non si sa nulla mi sembra molto più assurda di uno psichico inconscio. Infine tale equiparazione dell'impercettibile all'inconscio è stata cercata evidentemente senza riguardo ai rapporti dinamici, che, per l'interpretazione psicoanalitica, sono stati determinanti. Infatti due dati sono così trascurati; primo, che è molto difficile e necessita di un grande impegno portare sufficiente attenzione a un tale impercettibile, e secondo, che quando ciò riesce, quello che prima era impercettibile non è ora riconosciuto dalla coscienza, ma abbastanza spesso gli appare del tutto estraneo, ad essa contrapposto, ed è bruscamente rifiutato. Il riferimento dell'inconscio a ciò che è poco percettibile o non percettibile è dunque solo un derivato del pregiudizio per il quale l'identità dello psichico con il cosciente è stabilita una volta per tutte.

in lui, non saprebbe darle un nome né indicarla. Siccome però questa resistenza proviene sicuramente dal suo Io, e gli appartiene, ci troviamo di fronte a una situazione imprevista. Abbiamo trovato nell'Io stesso qualcosa che è anche inconscio, che si comporta proprio come ciò che è rimosso, ovvero manifesta forti effetti, senza diventare esso stesso cosciente, e ha bisogno di un particolare lavoro per essere reso cosciente. La conseguenza di questa conoscenza per la pratica analitica è che incontreremo confusioni innumerevoli se ci attenessimo ai nostri usuali modi d'espressione e, per esempio, volessimo ricondurre la nevrosi a un conflitto tra ciò che è cosciente e ciò che è inconscio. Secondo il nostro punto di vista al posto di questa opposizione, nei rapporti strutturali della vita psichica, ne dobbiamo porre un'altra: quella tra ciò che è unito all'Io e il rimosso che da questo è separato[3].

Le conseguenze per la nostra interpretazione dell'inconscio sono però ancora più significative. L'osservazione dinamica ha portato alla prima correzione, l'analisi strutturale conduce alla seconda. Sappiamo che l'inconscio non coincide con ciò che è rimosso; è altrettanto vero che tutto ciò che è rimosso è inconscio, ma non tutto l'inconscio è anche rimosso. Anche una parte dell'Io, Dio sa quale parte importante dell'Io, può essere *inconscia*, è sicuramente *inconscia*. E questo *inconscio* dell'Io non è latente, nel senso del *preconscio*, altrimenti non potrebbe essere attivato senza divenire cosciente, né il suo rendersi cosciente procurerebbe così grandi difficoltà. Se siamo costretti a porre un terzo tipo di inconscio non rimosso, dobbiamo ammettere che il carattere dell'essere inconscio perde per noi di significato. Diventa una qualità dai molti significati che non consente di giungere alle ampie ed esaustive conclusioni per le quali lo avremmo volentieri utilizzato. Tuttavia non dobbiamo trascurarla poiché, in fondo, tale qualità, cosciente o meno, è l'unico lume nell'oscurità della psicologia del profondo.

[3] [Cfr. *Al di là del principio del piacere* (1920), in *Opere 1886-1921*, cit.].

2. L'Io e l'Es

La ricerca in campo patologico ha portato il nostro interesse troppo esclusivamente sul rimosso. Da quando sappiamo che anche l'Io può essere – in senso proprio – inconscio, vorremmo conoscerlo meglio. Finora, nel corso dell'indagine, il nostro unico sostegno era stato il segno distintivo dell'essere cosciente o inconscio. Da ultimo abbiamo appreso come ciò possa avere molti significati.

Ebbene tutto il nostro sapere è pur sempre legato alla coscienza. Possiamo conoscere *l'inconscio* solo quando lo rendiamo cosciente. Ma, attenzione, com'è possibile ciò? Cosa significa rendere cosciente qualcosa? Come può accadere?

In proposito sappiamo già da dove dobbiamo cominciare. Abbiamo detto che la coscienza è la *superficie* dell'apparato psichico; ciò significa che, in qualità di funzione, l'abbiamo attribuita a un sistema, il quale, dal punto di vista spaziale, è il primo, a partire dal mondo esterno. Spaziale, del resto, non solo nel senso della funzione, ma questa volta anche nel senso della sezione anatomica[1]. Anche la nostra ricerca deve prendere le mosse da questa superficie percettiva.

In linea di principio sono *coscienti* tutte le percezioni: quelle che provengono dall'esterno (percezioni dei sensi) [*Sinneswahrnehmungen*], e quelle che, provenienti dall'interno, chiamiamo sensazioni [*Empfindungen*] e sentimenti [*Gefühlen*]. Ma come la mettiamo con alcuni processi interni che in qualche modo – grossolano e impreciso – possiamo riunire sotto il nome di processi del pensiero? Questi si realizzano da qualche parte all'interno dell'apparato come spostamenti di energie psichiche sulla via dell'azione. Sono tali processi ad arrivare alla superficie dove si forma la coscienza? O è la coscienza a giungere fino

[1] Si veda *Al di là del principio del piacere* (1920) [in *Opere 1886-1921*, Newton Compton, Roma 2009].

a loro? Notiamo che questa è una delle difficoltà che si presentano quando si vuol mettere in pratica la rappresentazione spaziale *topica* degli accadimenti psichici. Entrambe le possibilità sono ugualmente impensabili, deve essercene una terza[2].

In un altro scritto[3] ho già espresso l'opinione che la vera differenza tra una rappresentazione (un pensiero) inconscia e una preconscia consiste nel fatto che la prima si compie in un qualche materiale che rimane sconosciuto, mentre nell'altra (quella preconscia) sopraggiunge il legame con *rappresentazioni di parola* [*Wortvorstellungen*]. Si è tentato così, per la prima volta, di indicare segni distintivi di entrambi i sistemi, quello preconscio e quello conscio, diversi dalla loro relazione con la coscienza. La domanda: come diventa cosciente qualcosa? suona dunque più appropriata così: come diventa preconscio qualcosa?, e la risposta sarebbe: attraverso il legame con le corrispondenti rappresentazioni della parola.

Queste rappresentazioni di parola sono residui mnestici [*Erinnerungsreste*] che una volta sono stati percezioni [*Wahrnehmungen*] e, come tutti i residui mnestici, possono diventare nuovamente coscienti. Prima di occuparci oltre della loro natura, emerge un nuovo punto di vista: può diventare cosciente solo ciò che è già stato una percezione *cosciente* e ciò che dall'interno, a prescindere dai sentimenti, vuole diventare cosciente, deve cercare di trasferirsi in percezioni esterne. Questo diventa possibile per mezzo delle tracce mnestiche [*Erinnerungsspuren*].

Ci rappresentiamo i residui mnestici contenuti in sistemi, i quali immediatamente confinano con il «sistema percezione-coscienza», in modo tale che i loro investimenti possono agevolmente continuare dall'interno negli elementi di questo sistema. Si pensa immediatamente in proposito all'allucinazione e al fatto che il ricordo più intenso è comunque diverso sia dall'allucinazione, sia dalla percezione esterna; allo stesso modo, però, appare evidente che, nella riattivazione di un ricordo, l'investimento rimane conservato nel sistema mnestico [*Erinnerungssystem*], mentre l'allucinazione, non distinguibile dalla percezione, può nascere se l'investimento non solo si estende dalla traccia mnestica all'elemento-parola, ma passa completamente in quello.

[2] [Cfr. su questo le argomentazioni in *L'inconscio* (1915), in *Opere 1886-1921*, cit.].
[3] Si veda *L'inconscio* (1915) [in *Opere 1886-1921*, cit.].

I residui verbali [*Wortreste*] derivano essenzialmente da percezioni acustiche [*akustischen Wahrnehmungen*]; con ciò si è attribuita in un certo senso al sistema del preconscio una determinata origine sensoriale. Le componenti visive della rappresentazione di parola, acquisite attraverso la lettura, possono inizialmente essere trascurate, in quanto secondarie, e lo stesso vale per le immagini di fonazione [*die Bewegungsbilder des Wortes*], le quali, eccetto che nei sordomuti, svolgono il ruolo di segni sussidiari. In realtà, la parola è il residuo mnestico della parola udita.

Ma non dobbiamo dimenticare, per un certa propensione alla semplificazione, il significato dei residui mnestici ottici – delle cose –, o negare la possibilità che i processi del pensiero diventino coscienti con il ritorno di residui visivi, e che questa sia la direzione privilegiata per molte persone. Un'idea delle caratteristiche di questo pensiero visivo può trovarsi nello studio dei sogni e delle fantasie preconsce secondo le osservazioni di J. Varendonck[4]. Si viene a conoscenza così del fatto che di solito solo il materiale concreto del pensiero diventa cosciente, ma non può essere data un'espressione visiva delle relazioni che caratterizzano in particolar modo i pensieri. Il pensare per immagini [*Denken in Bildern*], dunque, è un divenire cosciente molto incompleto. In qualche modo, tale pensare è anche più vicino ai processi inconsci del pensare con parole [*Denken in Worten*], ed è indubbiamente più antico, sia dal punto di vista ontogenetico che filogenetico.

Se dunque, per tornare ai nostri argomenti, questa è la via attraverso la quale qualcosa in sé inconscio diventa preconscio, la risposta alla domanda circa il modo in cui rendiamo (pre)conscio qualcosa di rimosso è la seguente: attraverso il lavoro analitico produciamo tali elementi preconsci di mediazione [*Mittelglieder*]. La coscienza resta dunque al suo posto, ma anche l'inconscio non si è innalzato a livello della coscienza.

Mentre la relazione della percezione esterna con l'Io è del tutto evidente, la relazione della percezione interna con l'Io richiede una particolare indagine. Ancora una volta sorge il dubbio se sia giusto riferire tutta la coscienza all'unico superficiale «sistema percezione-coscienza».

La percezione interna avverte sensazioni di processi che derivano dai più diversi, certamente anche più profondi, strati del-

[4] [Cfr. Varendonck, 1921; Freud scrisse un'introduzione di questo libro].

l'apparato psichico. Non sono ben conosciute. Come miglior esempio può ancora valere la serie di piacere-dispiacere. Sono sensazioni più originarie, più elementari di quelle che provengono dall'esterno, possono ancora essere realizzate in stati di coscienza indistinta. Altrove mi sono espresso sul loro grande significato economico e sul loro fondamento metapsicologico[5]. Queste sensazioni sono plurilocalizzate come le percezioni esterne, possono venire contemporaneamente da diversi luoghi e per questo possono avere diverse, anche opposte, qualità.

Le sensazioni con carattere di piacere non hanno alcuna spinta in sé. Ce l'hanno al contrario, in modo assai elevato, le sensazioni di dispiacere. Queste spingono al cambiamento, alla scarica, e perciò descriviamo il dispiacere come un incremento, il piacere come una riduzione dell'investimento energetico. Se chiamiamo ciò che è conosciuto come piacere e dispiacere un quantitativamente-qualitativamente Altro [*quantitativ-qualitativ Anderes*] nel processo psichico, la domanda che si pone è dunque se un tale Altro possa divenire immediatamente cosciente o debba essere condotto fino al «sistema percezione».

L'esperienza clinica ha deciso per la seconda. Essa mostra che questo Altro si comporta come un impulso rimosso. Può dispiegare forze trainanti senza che l'Io avverta la costrizione. Solo la resistenza alla coazione, l'arresto della reazione di scarica, rende questo Altro subito conosciuto come dispiacere. Così come le tensioni dei bisogni anche il dolore [fisico] può rimanere inconscio, una via di mezzo tra percezione interna ed esterna che si comporta come una percezione interna anche quando proviene dal mondo esterno. Resta dunque vero che anche sensazioni e sentimenti diventano coscienti solo pervenendo al «sistema percezione»; se la trasmissione è bloccata, non diventano sensazioni, sebbene questo Altro che corrisponde loro sia lo stesso nello svolgimento dell'eccitamento. Più in breve, non parliamo del tutto correttamente quindi di *sensazioni inconsce*, tenendo ferma l'analogia, non pienamente appropriata, con le rappresentazioni inconsce. Infatti la differenza consiste in ciò: affinché la rappresentazione inconscia sia resa cosciente devono essere creati prima elementi di collegamento, laddove questo non accade per le sensazioni che si trasmettono direttamente. In altre

[5] [In *Al di là del principio del piacere* (1920), in *Opere 1886-1921*, cit.].

parole: la distinzione tra coscienza e preconscio non ha senso per le sensazioni [interne], il preconscio viene qui a mancare, le sensazioni [interne] sono coscienti o inconsce. Anche quando sono legate a rappresentazioni di parola, non a queste devono il loro divenir coscienti. Ma lo diventano direttamente[6].

Il ruolo delle rappresentazioni verbali diventa ora del tutto chiaro. Grazie alla loro mediazione, i processi interni del pensiero diventano percezioni. È come se dovesse essere dimostrata la proposizione: tutto il sapere proviene dalla percezione esterna. In un sovrainvestimento [*Überbesetzung*] del pensare, i pensieri diventano veramente percepiti – come se provenissero dall'esterno – e perciò sono ritenuti veri.

Dopo questo chiarimento delle relazioni tra percezione interna e percezione esterna e il sistema di superficie «percezione-coscienza», possiamo accingerci a smontare la nostra rappresentazione dell'Io. Vediamo che l'Io nasce dal «sistema percezione» che è il suo nucleo e inizialmente comprende il preconscio, che si appoggia ai residui mnestici. Ma l'Io è, come abbiamo appreso, anche inconscio.

A questo punto ritengo che potremmo ottenere grandi vantaggi nel seguire le sollecitazioni di un autore che inutilmente, a causa di motivi personali, afferma di non aver nulla a che fare con la scienza seria ed elevata. Mi riferisco a G. Groddeck, il quale continuamente pone l'accento sul fatto che ciò che chiamiamo il nostro Io si comporta nella vita in modo essenzialmente passivo e che noi, secondo il suo modo di esprimersi, siamo «vissuti» da forze sconosciute e incontrollabili[7]. Tutti abbiamo avuto queste medesime impressioni, malgrado non ci abbiano sopraffatto fino a escludere tutte le altre. Né rinunciamo ad assegnare all'analisi di Groddeck il suo posto nella compagine della scienza. Propongo di tenerne conto nel chiamare Io l'essenza che nasce dal «sistema percezione», che inizialmente è preconscio, e chiamare invece Es[8], secondo l'uso di Groddeck, l'altro psichico [*das andere Psychische*] nel quale l'Io si estende e che si comporta come inconscio.

[6] [Cfr. il paragrafo III de *L'inconscio* (1915), in *Opere 1886-1921*, cit.].

[7] G. Groddeck, *Das Buch vom Es*, Internationaler Psychoanalytischer Verlag, 1923 [*Il libro dell'Es*, Adelphi, Milano 1966].

[8] Lo stesso Groddeck ha seguito in pieno l'esempio di Nietzsche, che usa sempre questa espressione grammaticale per ciò che nel nostro essere è impersonale e per così dire naturalmente necessario.

Presto vedremo se questa interpretazione ci possa essere utile per la descrizione e la comprensione. Un individuo è ora per noi un Es psichico, incognito e inconscio; a questo si poggia superficialmente l'Io, che si sviluppa come da un nucleo dal «sistema percezione». Se volessimo rappresentarlo graficamente, dovremmo collocare l'Io non totalmente avvolto all'Es, ma solo nella misura in cui il «sistema percezione» forma la sua superficie, dunque qualcosa simile al disco germinale che poggia sull'uovo. L'Io non è nettamente separato dall'Es, scorre verso il basso fino a confluire con l'Es.

Ma anche il rimosso confluisce nell'Es, non è altro che una parte di esso. Il rimosso è separato nettamente solo dall'Io, attraverso le resistenze della rimozione, ma mediante l'Es può comunicare con l'Io. Capiamo subito che quasi tutte le suddivisioni che abbiamo descritto sulla base dei dati patologici si riferiscono agli strati superficiali dell'apparato psichico, i soli da noi conosciuti. Potremmo tracciare uno schizzo di questi rapporti, i cui profili tuttavia devono servire solo all'esposizione e non pretendono di fornire una particolare interpretazione. Aggiungiamo, a grandi linee, che l'Io porta una cuffia uditiva che secondo l'anatomia del cervello si trova solo su un lato. Essa poggia per così dire di sbieco.

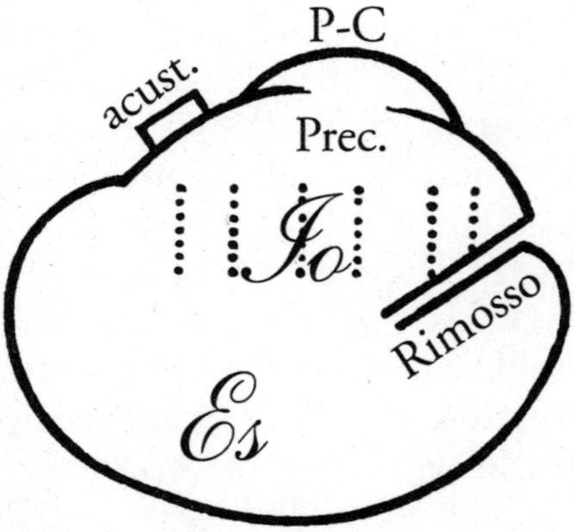

È facile vedere che l'Io è la parte trasformata dell'Es dal diretto influsso del mondo esterno, attraverso la mediazione del sistema percezione-coscienza, in un certo senso è un proseguimento della differenziazione di superficie. L'Io è anche impegnato a portare all'Es gli influssi del mondo esterno e a far valere le proprie ragioni, si sforza di imporre il principio di realtà al posto del principio di piacere, il quale governa illimitatamente nell'Es. La percezione ricopre nell'Io il ruolo svolto dalla pulsione nell'Es. L'Io rappresenta ciò che si può chiamare ragione e avvedutezza, al contrario dell'Es, che racchiude le passioni. Tutto questo coincide con distinzioni comuni e universalmente note, ma deve essere considerato solo mediamente o idealmente giusto.

L'importanza funzionale dell'Io consiste nel fatto che normalmente gli è attribuito il dominio sugli accessi alla motilità. In rapporto all'Es, l'Io assomiglia dunque al cavaliere che deve tenere a freno la forza superiore del cavallo, con la differenza che il cavaliere cerca di farlo con le proprie forze, l'Io con forze prese in prestito. Questa similitudine può proseguire. Come il cavaliere che, se non si vuole separare dal cavallo, spesso non può far altro che condurlo lì dove vuole andare, allo stesso modo anche l'Io è solito trasformare in azione la volontà dell'Es, come se fosse la propria. Sull'origine dell'Io e sulla sua separazione dall'Es sembra avere agito anche un altro elemento oltre all'influsso del «sistema percezione». Il proprio corpo, e soprattutto la sua stessa superficie, è un luogo dal quale provengono contemporaneamente percezioni esterne e interne. Esso è visto come un oggetto distinto, produce però al tatto due tipi di sensazioni, delle quali l'una può corrispondere a una percezione interna. È stato sufficientemente discusso nella psicofisiologia in quale modo il proprio corpo emerga dal mondo della percezione. Sembra che anche il dolore giochi un ruolo, e il modo in cui si acquisisce una nuova conoscenza dei propri organi a causa di malattie dolorose è forse esemplare del modo in cui ci si rappresenta il proprio corpo.

L'Io è soprattutto una realtà corporea, non è solo un'essenza superficiale, ma la proiezione stessa di una superficie. Per trovare un'analogia anatomica, si può identificarlo nel modo più prossimo con "l'omino del cervello" degli anatomisti che si trova a testa in giù nella corteccia cerebrale, distende i talloni verso l'alto, guarda all'indietro e, com'è noto, sostiene a sinistra la zona della parola.

Si è tornati più volte sul rapporto dell'Io con la coscienza, tuttavia qui si devono descrivere nuovamente alcuni fatti importanti. Abituati a portare ovunque con noi il punto di vista di una valutazione sociale o etica, non ci stupiamo di ascoltare che nell'inconscio si muovono passioni basse, ma ci aspettiamo che le funzioni psichiche trovino tanto più facilmente un accesso sicuro alla coscienza, quanto più siano poste in alto nella scala dei valori. In questo, l'esperienza psicoanalitica ci smentisce. Da un lato, ci fornisce prove che persino un lavoro intellettuale preciso e difficile, che generalmente richiede un'intensa riflessione, può essere eseguito anche in stato preconscio, senza divenire cosciente. Questi casi sono del tutto certi: si verificano, ad esempio, nel sonno, e si manifestano nel fatto che una persona al risveglio sa immediatamente la soluzione di un difficile problema matematico o di un altro problema sul quale si era impegnata invano durante il giorno[9].

Molto più sorprendente è pero un'altra esperienza. Nelle nostre analisi apprendiamo che ci sono persone nelle quali l'autocritica e la coscienza morale, dunque produzioni psichiche ritenute di altissimo valore, sono inconsce e manifestano gli effetti più importanti in modo inconscio; il fatto che la resistenza resti inconscia nell'analisi non è assolutamente l'unica situazione di questo tipo. Tuttavia, questa nuova esperienza che ci costringe a parlare di un *inconscio senso di colpa*[10], nonostante il nostro migliore sguardo critico, ci confonde ancora di più, e ci pone nuovi interrogativi, in particolare se, a poco a poco, giungiamo alla conclusione che, per un gran numero di nevrosi, un tale inconscio senso di colpa svolge un ruolo economico decisivo e frappone i più grandi ostacoli sulla via della guarigione.

Per tornare alla nostra scala di valori, dobbiamo dire: non solo gli aspetti più bassi, anche quelli più alti dell'Io possono essere inconsci. Così sarebbe dimostrato ciò che poc'anzi abbiamo detto dell'Io cosciente, che esso è soprattutto un Io-corpo [*Körper-Ich*].

[9] Un tale caso mi è stato comunicato di recente e, precisamente, come una critica contro la mia descrizione del "lavoro onirico".

[10] [Cfr. in proposito il lavoro precedente di Freud, *Comportamenti ossessivi e pratiche religiose* (1907), in *Opere 1886-1921*, cit.].

3. L'Io e il Super-io (Ideale dell'Io)

Se l'Io fosse solamente la parte modificata dell'Es attraverso l'influsso del sistema percettivo, il rappresentante del reale mondo esteriore nello psichico, avremmo a che fare con uno stato di cose semplice. Solo che sopraggiunge qualcos'altro.

Le motivazioni che ci hanno indotto a supporre un dislivello nell'Io, una differenziazione interna dell'Io, chiamata *Ideale dell'Io* [*Ich-Ideal*] o *Super-io [Über-Ich]*, sono state discusse altrove[1]. E sono valide[2]. La novità che richiede una spiegazione è il fatto che questa parte dell'Io abbia una relazione meno solida con la coscienza.

Qui dobbiamo ampliare il discorso. Siamo riusciti a chiarire la dolorosa sofferenza della melanconia attraverso la supposizione che un oggetto perduto è di nuovo costituito all'interno dell'Io, dunque viene sostituito un investimento oggettuale [*Objektbesetzung*] con un'identificazione[3] [*Identifizierung*]. Allora però non avevamo ancora riconosciuto il grande significato di questo processo, e non sapevamo quanto esso fosse frequente e tipico. In seguito abbiamo capito che una tale sostituzione partecipa in modo significativo alla formazione dell'Io e contribuisce considerevolmente alla formazione di ciò che si chiama il suo *carattere*.

Originariamente, nella primitiva fase orale dell'individuo, non è possibile distinguere del tutto, l'uno dall'altra, investimento oggettuale e identificazione. In seguito, si può solo supporre che gli investimenti oggettuali provengano dall'Es, il quale sente le tensioni erotiche come bisogni. Questo Io, che all'inizio è anco-

[1] *Introduzione al narcisismo* (1914); *Psicologia collettiva e analisi dell'Io* (1921) [in *Opere 1886-1921*, Newton Compton, Roma 2009].

[2] Appare errato e deve essere corretto solo il fatto che abbia assegnato a questo Super-io la funzione dell'esame di realtà. Sarebbe del tutto corrispondente alle relazioni dell'Io con il mondo percettivo che l'esame di realtà restasse un compito dell'Io. Anche precedenti affermazioni relative, in modo alquanto indeterminato, a un *nucleo dell'Io*, devono ora essere rettificate, poiché solo il "sistema percezione" deve essere riconosciuto come nucleo dell'Io.

[3] *Lutto e melanconia* (1917) [in *Opere 1886-1921*, cit.].

ra debole, fa conoscenza degli investimenti oggettuali, li sopporta o cerca di allontanarli attraverso il processo di rimozione[4].

Non di rado si presenta un'alterazione dell'Io, quando questo si impone di rinunciare a un tale oggetto sessuale o vi è costretto. In questo caso, come nella melanconia, tale mutamento deve essere descritto come istituzione dell'oggetto nell'Io. Le circostanze più specifiche di questa sostituzione non ci sono ancora note. Forse la rinuncia all'oggetto è facilitata o resa possibile per l'Io da questa introiezione [*Introjektion*] che è una specie di regressione al meccanismo della fase orale. Forse l'identificazione è in genere la condizione per la quale l'Es rinuncia al suo oggetto. In ogni caso, il processo, soprattutto nelle prime fasi di sviluppo, è molto frequente e induce a ritenere che il carattere dell'Io sia un riflesso degli investimenti oggettuali a cui ha rinunciato, e racchiuda la storia di quelle scelte oggettuali. Ovviamente deve ammettersi sin da principio una scala della capacità di resistenza, relativa a quanto il carattere di una persona respinga o accolga questi influssi che provengono dalla storia delle scelte oggettuali erotiche. Si ritiene che nelle donne che hanno avuto molte esperienze amorose siano facilmente riscontrabili i residui degli investimenti oggettuali nei tratti del carattere. Può anche aversi una contemporaneità di investimento oggettuale e identificazione, dunque un'alterazione del carattere che interviene prima di aver rinunciato all'oggetto. In questo caso l'alterazione del carattere potrebbe sopravvivere alla relazione oggettuale e, in un certo senso, conservarla.

Secondo un altro punto di vista, questa trasposizione [*Umsetzung*] di una scelta oggettuale erotica in un'alterazione dell'Io è anche una via attraverso cui l'Io può dominare l'Es e può approfondire le sue relazioni con l'Es, a costo però di una completa arrendevolezza nei confronti delle sue vicissitudini. Quando l'Io assume le caratteristiche dell'oggetto, si impone in un certo senso all'Es come oggetto d'amore, cerca di sostituire la

[4] Un parallelo interessante con la sostituzione della scelta oggettuale attraverso un'identificazione è contenuto nella credenza dei primitivi, e nei divieti che ne scaturiscono, per la quale le qualità dell'animale che viene ingerito come cibo permangono come carattere in colui che lo mangia. Com'è noto, questa credenza giunge anche alla fondazione del cannibalismo e influenza la serie di usi relativi al pasto totemico fino alla santa comunione [cfr. *Totem e tabù*, in *Opere 1886-1921*, cit.]. Le conseguenze che qui sono descritte riguardo all'impossessamento orale dell'oggetto si verificano realmente nella successiva scelta oggettuale sessuale.

sua perdita dicendogli: «Vedi, puoi amare anche me, sono così simile all'oggetto».

La trasformazione della libido oggettuale nella libido narcisistica, di cui qui si tratta, comporta chiaramente una rinuncia agli obiettivi sessuali, una desessualizzazione, dunque una specie di sublimazione. Si pone quindi la domanda, degna di una trattazione più approfondita, se non sia questa la via universale alla sublimazione, se ogni sublimazione non si verifichi attraverso la mediazione dell'Io, il quale in principio trasforma la libido oggettuale sessuale nella libido narcisistica, per poi porre forse alla libido un altro scopo[5]. Ci occuperemo più avanti del fatto se questa trasformazione possa avere come conseguenze anche altri destini pulsionali, ad esempio causare una scomposizione [*Entmischung*] di diverse pulsioni fuse insieme.

Sebbene si discosti dal nostro scopo, non possiamo evitare di soffermare l'attenzione per un momento sulle identificazioni oggettuali dell'Io. Se queste si moltiplicano, diventano troppo numerose, forti e inconciliabili tra loro, l'esito patologico è evidente. Ciò può dar luogo a una frammentazione dell'Io, in quanto le singole identificazioni si scontrano l'una con l'altra, per le resistenze e forse il segreto dei casi della cosiddetta *personalità multipla* è che le singole identificazioni si impadroniscono alternativamente della coscienza. Anche quando non si giunge a tanto, si presenta la questione dei conflitti tra le diverse identificazioni nelle quali l'Io si scompone, conflitti che, in fin dei conti, non possono essere sempre indicati come patologici.

Tuttavia in qualsiasi modo si possa sviluppare la successiva resistenza del carattere agli influssi di investimenti oggettuali ai quali si è rinunciato, gli effetti delle prime riuscite identificazioni nei primissimi anni di età diventeranno generali e persistenti. Questo ci riporta alla formazione dell'Ideale dell'Io, poiché alle sue spalle si nasconde la prima e più significativa identificazione dell'individuo, quella con il padre della preistoria personale[6].

[5] Dobbiamo ora, dopo la separazione dell'Io e dell'Es, riconoscere l'Es come il grande serbatoio della libido, nel senso di *Introduzione al narcisismo* (1914) [in *Opere 1886-1921*, cit.]. La libido che scorre nell'Io, attraverso le identificazioni descritte, produce il suo «*narcisismo secondario*».

[6] Forse sarebbe più prudente dire «con i genitori», perché padre e madre non sono considerati diversi, prima della sicura conoscenza della differenza tra i sessi e della mancanza del pene. Di recente, ho potuto constatare nella storia di una giovane donna che quest'ultima da quando notò in se stessa la mancanza del pene, non riconosceva la mancanza di quest'orga-

Inizialmente, quest'ultima non sembra essere il risultato o la conseguenza di un investimento oggettuale; essa è un'identificazione diretta, immediata e precedente a qualsiasi investimento oggettuale. Ma le scelte oggettuali che appartengono al primo periodo sessuale e che riguardano il padre e la madre sembrano confluire, nel decorso normale, in tale identificazione e rafforzare con ciò l'identificazione primaria.

In ogni caso queste relazioni sono così complicate che sarà necessario descriverle accuratamente. Due sono i fattori che causano queste complicazioni: la disposizione trilaterale del rapporto edipico e la bisessualità costituzionale dell'individuo.

Il caso più semplice si realizza nel bambino nel modo seguente: molto presto egli sviluppa un investimento oggettuale per la madre che ha come punto di partenza il seno materno, e mostra l'esempio tipico di una scelta oggettuale del tipo per appoggio [*Anlehnungstypus*]; il bambino si impossessa del padre attraverso l'identificazione. Le due relazioni procedono parallelamente per un certo periodo di tempo, finché il rafforzamento del desiderio sessuale nei confronti della madre e la percezione che il padre sia un ostacolo a questo desiderio producono il complesso d'Edipo[7] [*Ödipuskomplex*]. L'identificazione con il padre acquista ora un carattere di ostilità, si trasforma nel desiderio di mettere da canto il padre per sostituirlo presso la madre. Da qui in poi il rapporto con il padre è ambivalente. Sembra come se l'ambivalenza contenuta inizialmente nell'identificazione sia divenuta manifesta. L'atteggiamento ambivalente nei confronti del padre e l'aspirazione oggettuale unicamente affettuosa nei confronti della madre descrivono per il bambino il contenuto di un complesso d'Edipo semplice e positivo.

Con il crollo del complesso d'Edipo l'investimento oggettuale della madre deve essere abbandonato. Al suo posto possono comparire o un'identificazione con la madre, o un rafforzamento dell'identificazione con il padre. Siamo abituati a considerare il secondo esito come quello più normale; esso permette di mantenere in una certa misura la relazione affettuosa con la madre. La mascolinità nel carattere del bambino subirebbe così un

no a tutte le donne, ma solo a quelle che giudicava inferiori. La madre, secondo lei, lo possedeva. Per una più semplice esposizione, tratterò solo l'identificazione con il padre.

[7] Si veda *Psicologia collettiva e analisi dell'Io* (1921) [in *Opere 1886-1921*, cit.].

rafforzamento dal venir meno del complesso d'Edipo[8]. In un modo del tutto analogo[9], l'atteggiamento edipico della bambina può sfociare in un rafforzamento dell'identificazione con la madre (o nella sua formazione), che definisce il carattere femminile della bambina.

Queste identificazioni non corrispondono a quanto ci aspettavamo, poiché non introducono nell'Io l'oggetto a cui si è rinunciato, tuttavia ricorre anche questo risultato che è più facilmente osservabile nelle bambine che nei bambini. Nell'analisi molto spesso si apprende che la bambina, dopo aver dovuto rinunciare al padre come oggetto d'amore, tira fuori la sua mascolinità e si identifica, invece che con la madre, con il padre, ossia con l'oggetto perduto. Questo dipende chiaramente dal fatto che le predisposizioni maschili, in qualunque modo si siano costituite, sono sufficientemente forti.

L'esito della situazione edipica nell'identificazione con il padre o con la madre sembra dunque dipendere in entrambi i sessi dalla relativa forza delle due predisposizioni sessuali. Questo è uno dei modi in cui la bisessualità s'intromette nel destino del complesso d'Edipo. L'altro è ancora più significativo. Si ha dunque l'impressione che il semplice complesso edipico non sia in assoluto il più frequente, ma corrisponda a una semplificazione o a una schematizzazione che comunque nella pratica resta per lo più legittima. Un'indagine più approfondita scopre, di frequente, un *più completo* complesso d'Edipo che è duplice, positivo e negativo, e che dipende dalla originaria bisessualità del bambino. Ciò significa che il bambino non manifesta solo una posizione ambivalente nei confronti del padre e una scelta oggettuale affettuosa per la madre, ma, allo stesso tempo, si comporta anche come una bambina, mostra la posizione femminile affettuosa nei confronti del padre e la corrispondente posizione gelosa-ostile nei confronti della madre. Questo intervento della bisessualità rende difficile capire i rapporti tra le primitive scelte oggettuali e le identificazioni, e ancor più difficile de-

[8] [Cfr. il lavoro che Freud ha pubblicato con il titolo *Il tramonto del complesso d'Edipo* (*Der Untergang des Ödipuskomplexes*) apparso in «Internationale Zeitschrift für Psychoanalyse», vol. 10 (3), p. 245, successivamente pubblicato nel 1940 in *Gesammelte Werke*, vol. 13, p. 393].

[9] [Poco tempo dopo, Freud modifica la sua concezione in proposito; cfr. il suo scritto *Alcune conseguenze psichiche della differenza anatomica tra i sessi* (1925), in *Opere*, vol. 10, Bollati Boringhieri, Torino 2006].

scriverli in modo comprensibile. Potrebbe anche essere che l'ambivalenza constatata nel rapporto con i genitori debba totalmente riferirsi alla bisessualità e, contrariamente a quanto ho esposto in precedenza, non si sviluppi dall'identificazione attraverso l'atteggiamento di rivalità.

Intendo dire che si fa bene, in genere e in modo particolare nei nevrotici, ad ammettere l'esistenza di un completo complesso d'Edipo [*des vollständigen Ödipuskomplexes*]. L'esperienza analitica mostra allora che in un certo numero di casi l'una o l'altra parte del complesso diminuisce fino a giungere a tracce poco evidenti, così da aversi una serie al termine della quale vi è da un lato un normale, positivo complesso d'Edipo, dall'altro un negativo complesso d'Edipo, mentre i casi intermedi presentano una forma completa con partecipazione diseguale di entrambe le componenti. Con il tramonto del complesso edipico le quattro tendenze in esso contenute si riuniranno e da queste emergerà un'identificazione col padre e una con la madre. L'identificazione con il padre conserverà l'oggetto materno del complesso positivo e allo stesso tempo sostituirà l'oggetto paterno del complesso opposto; analogamente accadrà per l'identificazione materna. Nella differente forza dell'impronta delle due identificazioni si rispecchierà la diversa rilevanza delle due attitudini sessuali.

Così è possibile ammettere, come risultato più generale della fase sessuale dominata dal complesso d'Edipo, una sedimentazione nell'Io, la quale consiste nella formazione di queste due identificazioni in qualche modo conciliate tra loro. Questa alterazione dell'Io mantiene la sua posizione privilegiata, si contrappone all'altro contenuto dell'Io come Ideale dell'Io o Super-io.

Il Super-io non è però semplicemente un residuo delle prime scelte oggettuali dell'Es, ma ha anche il significato di un'energica formazione reattiva rivolta contro le stesse. La sua relazione con l'Io non si esaurisce nell'ammonimento: *devi* essere così (come il padre), essa comprende anche il divieto: *non ti è permesso* essere così (come il padre), ciò significa non puoi fare tutto quello che egli fa; qualcosa resta riservato al padre. Questo duplice aspetto dell'Ideale dell'Io deriva dal fatto che esso sarebbe stato impegnato nella rimozione del complesso edipico, anzi proprio grazie a questa svolta deve la sua nascita. Ovviamente la rimozione del complesso d'Edipo non è stata un compito semplice. Poiché i genitori, in particolare il padre, sono riconosciuti come ostacolo alla realizzazione del desiderio edipico, l'Io infantile, grazie a quest'opera di rimozione, si è rinforzato, istituendo quello stesso ostacolo dentro di sé. Per questa operazione, ha preso in prestito, per così dire, la forza dal padre, e tale prestito è un atto straordinariamente carico di conseguenze. Il Super-io conserverà il carattere del padre, e quanto più forte è stato il complesso di Edipo, quanto più velocemente (sotto l'influenza dell'autorità, degli insegnamenti religiosi, dell'istruzione, delle letture) è seguita la sua rimozione, tanto più severamente, in seguito, il Super-io dominerà l'Io come coscienza morale [*Gewissen*], forse come inconscio senso di colpa. Nelle pagine seguenti formulerò un'ipotesi sulla questione che concerne da dove il Super-io prenda la forza per questo dominio, il carattere di costrizione che si manifesta come imperativo categorico.

Tornando, ancora una volta, alla descritta formazione del Super-io, riconosciamo che è il risultato di due fattori biologici altamente significativi: il lungo stato di impotenza e di dipendenza infantile nell'uomo, e l'esistenza del complesso d'Edipo, che abbiamo ricondotto all'interruzione dello sviluppo della libido nel periodo di latenza, e dunque all'*approccio in due tempi* alla vita sessuale. La seconda di queste peculiarità che, come sembra, sono tipicamente umane, è stata considerata, secondo un'ipotesi psicoanalitica, come eredità dello sviluppo della civiltà a cui si è stati costretti nel corso dell'era glaciale. La separazione del Super-io dall'Io dunque non è casuale, ma rappresenta i più significativi passaggi dello sviluppo dell'individuo e della specie, in quanto produce una manifestazione durevole dell'influenza dei genitori, rendendo eterna l'esistenza dei fattori ai quali deve la propria origine.

È stato rimproverato innumerevoli volte alla psicoanalisi di non interessarsi di ciò che nell'uomo è più alto, morale, sovraindividuale. Tale rimprovero è doppiamente ingiusto, sia dal punto di vista storico che metodologico. Sotto il primo profilo, perché fin dall'inizio la psicoanalisi ha attribuito alle tendenze morali ed estetiche dell'Io la forza di operare la rimozione. Per quanto concerne il secondo, poiché non si è voluto riconoscere che la ricerca psicoanalitica non poteva essere trattata come un sistema filosofico, con una costruzione teorica completa e finita, ma doveva farsi strada gradualmente per comprendere le complicazioni psichiche, mediante la scomposizione analitica dei fenomeni normali e anormali. Quando ci occupavamo dello studio di ciò che è rimosso nella vita psichica, non dovevamo preoccuparci di preservare ciò che è più alto nell'uomo. Ora che abbiamo osato avvicinarci all'analisi dell'Io, a tutti coloro che, scossi nella loro coscienza etica, rivendicavano l'esistenza nell'uomo di una più alta essenza, possiamo rispondere che certo, questa essenza esiste ed è la più alta, l'Ideale dell'Io o Super-io, la rappresentanza [*die Repräsentanz*] della nostra relazione con i genitori. Da bambini abbiamo conosciuto, ammirato, temuto queste essenze superiori, in seguito le abbiamo accolte dentro di noi.

L'Ideale dell'Io è dunque l'erede del complesso d'Edipo e quindi è espressione dei moti più potenti e dei destini più importanti della libido nell'Es. Con la sua costituzione l'Io si è impadronito del complesso d'Edipo e al tempo stesso si è sottomesso all'Es. Mentre l'Io è essenzialmente rappresentante del mondo esterno, della realtà, gli si pone di contro il Super-io, quale difensore del mondo interiore, dell'Es. I conflitti tra l'Io e l'Ideale rispecchieranno, in ultima analisi – a ciò siamo ora preparati –, l'opposizione tra il reale e lo psichico, tra mondo esterno e mondo interno.

Quello che la biologia e i destini della specie umana hanno creato e hanno lasciato in eredità all'Es, è ripreso dall'Io con la formazione dell'Ideale e vissuto di nuovo individualmente in lui. A causa della sua storia di formazione, l'Ideale dell'Io ha uno stretto collegamento con l'acquisizione filogenetica, l'eredità arcaica del singolo. Quello che è appartenuto agli strati più profondi della singola vita psichica, diventa – mediante la formazione dell'Ideale – ciò che riteniamo più elevato nell'animo umano. Sarebbe però uno sforzo inutile localizzare l'Ideale dell'Io[10], anche solo in modo simile a quanto abbiamo fatto con l'Io, o inserirlo in uno degli esempi attraverso i quali abbiamo cercato di riprodurre la relazione tra l'Io e l'Es.

È semplice mostrare che l'Ideale dell'Io soddisfa tutti i requisiti

[10] [Il Super-io non compare infatti nello schema grafico riportato a p. 42. Ma comparirà in un disegno della Lezione 31 nella *Introduzione alla psicoanalisi. Seconda serie di lezioni* (1933), Newton Compton, Roma 2010].

necessari per corrispondere alla più alta essenza dell'uomo. Come formazione sostitutiva del desiderio del padre, l'Ideale dell'Io contiene il seme dal quale sono nate tutte le religioni. Il giudizio sulla propria insufficienza, nel confronto tra l'Io e il suo ideale, dà come risultato l'umile sentimento religioso al quale si richiama il credente fervente. Nell'ulteriore corso dell'evoluzione insegnanti e autorità hanno proseguito il ruolo paterno; le loro norme e i loro divieti sono rimasti attivi nell'Io-ideale e ora, come *coscienza morale,* esercitano la censura. La tensione tra le pretese della coscienza morale e le azioni dell'Io è avvertita come *senso di colpa*. I sentimenti sociali si poggiano su identificazioni con altri, sulla base di un medesimo Ideale dell'Io.

Religione, morale e sentimenti sociali – i principali contenuti di ciò che è più alto nell'uomo[11] – sono stati originariamente un'unica cosa. Secondo l'ipotesi di *Totem e tabù*[12], furono acquisiti filogeneticamente nel complesso paterno: la religione e le restrizioni morali, con il compiersi del reale complesso edipico; i sentimenti sociali, per la necessità di superare la rimanente rivalità tra i membri delle giovani generazioni. In tutte queste acquisizioni etiche sembra aver avuto la precedenza il sesso maschile, e un'ereditarietà incrociata ne ha portato il possesso anche alle donne. Ancora oggi i sentimenti sociali nascono nell'individuo come sovrastruttura di impulsi di rivalità gelosa tra fratelli. Poiché l'ostilità non deve essere soddisfatta, si produce un'identificazione con l'iniziale rivale. Osservazioni su casi di lieve omosessualità confermano l'ipotesi che anche tale identificazione sia un sostituto di una scelta oggettuale amorosa che ha preso il posto dell'atteggiamento aggressivo-ostile[13].

Con riferimento alla filogenesi emergono però nuovi interrogativi, di fronte ai quali preferiremmo retrocedere titubanti. Ma ciò non aiuta affatto; si deve rischiare, anche quando si teme che il tentativo svelerà l'insufficienza di tutti i nostri sforzi. La domanda è: chi a suo tempo ha acquisito la religione e i costumi al complesso paterno, l'Io o l'Es del primitivo? Se è stato l'Io, perché non parliamo semplicemente di un'ereditarietà nell'Io? Se è stato l'Es, come si accorda ciò con il carattere dell'Es? O non si

[11] Scienza e cultura sono qui lasciate da parte.
[12] [*Totem e tabù* (1913), in *Opere 1886-1921*, cit.].
[13] Si veda *Psicologia collettiva e analisi dell'Io* (1921) [in *Opere 1886-1921*, cit.].

può far risalire la differenziazione in: Io, Super-io ed Es a tempi così remoti? Oppure non si dovrebbe ammettere in realtà che l'intera concezione dei processi dell'Io non serve alla comprensione della filogenesi e non è ad essa applicabile?

Innanzitutto rispondiamo a ciò a cui è più semplice rispondere. La differenziazione tra Io ed Es non deve essere ammessa solo negli uomini primitivi, ma anche in organismi vitali molto più semplici, poiché è la necessaria manifestazione dell'influsso del mondo esterno. Riteniamo che il Super-io si sia formato da quegli eventi che condussero al totemismo. La domanda se sia stato l'Io o l'Es ad aver fatto quelle esperienze e quelle acquisizioni cade presto da sé. Un'ulteriore riflessione ci dice che l'Es non può vivere o andare incontro ad alcun destino esterno se non attraverso l'*Io*, il quale gli rappresenta il mondo esterno. Non si può parlare però di una diretta ereditarietà nell'*Io*. Qui si apre la spaccatura tra l'individuo reale e il concetto di specie. Pur non considerando troppo rigidamente la differenza tra l'Io e l'Es, non si può dimenticare che l'Io è una parte dell'Es particolarmente differenziata. Le esperienze dell'Io sembrano, da principio, andare perdute nell'eredità; se però si ripetono frequentemente e in modo abbastanza forte in molti individui di successive generazioni, si trasformano in un certo senso in esperienze dell'Es, le cui impressioni sono fissate attraverso la trasmissione ereditaria. Con ciò l'Es, in qualità di erede, ospita in sé i residui di innumerevoli Io-esistenze, e quando l'Io crea dall'Es il suo Super-io, riporta alla luce forse soltanto vecchie formazioni dell'Io, ridando loro vita.

La storia dell'origine del Super-io rende comprensibile come i primi conflitti dell'Io con gli investimenti oggettuali dell'Es possano proseguire in conflitti con il suo erede, con il Super-io. Se l'Io non è riuscito a superare il complesso d'Edipo, il suo investimento d'energia proveniente dall'Es si riattiverà nella formazione reattiva dell'Ideale dell'Io. L'ampia comunicazione di questo ideale con gli inconsci moti pulsionali scioglierà l'enigma sul fatto che l'ideale stesso può restare in gran parte inconscio e inaccessibile all'Io. La lotta che si era scatenata negli strati più profondi, e che non era giunta alla conclusione attraverso una veloce sublimazione e identificazione, prosegue ora in una regione più alta come nel dipinto di Kaulbach della Battaglia degli Unni.

4. I due tipi di pulsioni

Si è già detto che, se l'articolazione della psiche in Es, Io e Super-io significa un progresso nella nostra comprensione, tale articolazione deve mostrarsi anche come un mezzo per una più approfondita conoscenza e per una migliore descrizione delle relazioni dinamiche nella vita psichica. Abbiamo già chiarito anche che l'Io si trova sotto la particolare influenza della percezione e che si può dire, in linea di massima, che le percezioni hanno per l'Io lo stesso significato che le pulsioni hanno per l'Es. Tuttavia anche l'Io subisce l'effetto delle pulsioni, come l'Es, del quale è solo una parte modificata in modo particolare.

Di recente ho sviluppato una concezione sulle pulsioni (*Al di là del principio del piacere*), alla quale qui mi attengo, e che porrò alla base delle seguenti riflessioni. Si devono distinguere due tipi di pulsioni delle quali, le prime, *pulsioni sessuali* o *Eros*, sono molto più appariscenti e più facili da conoscere. Esse comprendono non solo la vera e propria pulsione sessuale disinibita e i moti pulsionali che ne derivano, inibiti alla meta e sublimati, ma anche la pulsione di autoconservazione, che dobbiamo attribuire all'Io e che, all'inizio del lavoro analitico, avevamo contrapposto, con buone ragioni, alle pulsioni oggettuali sessuali. Abbiamo incontrato delle difficoltà nel presentare il secondo tipo di pulsioni. Infine siamo giunti alla conclusione di considerare il sadismo come suo rappresentante. Sulla base di riflessioni teoretiche, sostenute dalla biologia, abbiamo supposto una *pulsione di morte* [*Todestrieb*], che ha il compito di riportare il vivente organico nello stato senza vita, laddove l'Eros persegue lo scopo di complicare la vita, attraverso riunificazioni sempre crescenti della sostanza vivente dispersa in particelle, e con ciò naturalmente anche lo scopo di conservarla. Entrambe le pulsioni si comportano, in questo, in senso massimamente conservativo, in quanto aspirano al ristabilimento di uno stato disturbato dalla nascita della vita. La nascita della vita sarebbe dunque la causa del proseguimento della vita e, allo stesso tempo, anche la causa della tendenza alla morte. La vita stessa sarebbe una lotta e un compromesso tra queste due tendenze. La domanda sull'origine della vita resterebbe una domanda cosmologica, quella sulla fine e sullo scopo della vita troverebbe una risposta *dualistica*.

Ognuno di questi due tipi di pulsioni sarebbe associato a un particolare processo fisiologico (costruzione e distruzione). In ogni parte della sostanza vivente sarebbero attivi entrambi i tipi di pulsione, sebbene in diverse proporzioni, cosicché, ad esempio, una sostanza potrebbe assumere la rappresentanza principale dell'Eros.

Non è ancora possibile descrivere in quale modo i due tipi di pulsioni si connettano, si mescolino, si leghino l'uno con l'altro, ma non si può negare, per quanto ci riguarda, il fatto che ciò accada regolarmente e in un gran numero di casi. In seguito all'unione degli organismi elementari unicellulari in organismi viventi pluricellulari, si sarebbe giunti a neutralizzare la pulsione di morte delle singole cellule e a deviare gli impulsi distruttivi sul mondo esterno attraverso la mediazione di un organo particolare. Quest'organo sarebbe la muscolatura e la pulsione di morte si manifesterebbe quindi – ma probabilmente solo in parte – come *pulsione distruttiva* [*Destruktionstrieb*] contro il mondo esterno e gli altri esseri viventi.

Una volta ammessa l'ipotesi di un composto [*Mischung*] tra i due tipi di pulsione, dobbiamo supporre anche la possibilità di una *scomposizione* [*Entmischung*] – più o meno completa – di tale insieme. Nella componente sadica dell'impulso sessuale individuiamo un classico esempio di un efficace mescolamento di pulsioni. Nel *sadismo,* divenuto autonomo come perversione, ci troviamo di fronte invece al modello di una scomposizione, sebbene non spinta sino all'estremo. Ciò schiude alla nostra vista un gran numero di fatti, che non erano stati ancora esaminati sotto questa luce.

Sappiamo che la *pulsione distruttiva* è posta regolarmente al servizio dell'Eros per scopi di scarica; supponiamo che l'attacco epilettico sia il prodotto e il segno di una scomposizione pulsionale e iniziamo a capire che tra le conseguenze di alcune nevrosi gravi, ad esempio della nevrosi ossessiva, particolarmente importanti sono la scomposizione delle pulsioni e la manifestazione della pulsione di morte. Con una generalizzazione veloce potremmo supporre che l'essenza di una regressione della libido, ad esempio da una fase genitale a una fase sadico-anale, si fonda su una scomposizione pulsionale, come, inversamente, supporre che il progresso dalle prime fasi sessuali alla definitiva fase genitale ha come condizione un contributo supplementare da parte delle componenti erotiche. Sorge anche la domanda se la comune *ambivalenza*, che così spesso troviamo rinforzata nella predisposizione costituzionale alla nevrosi, non possa essere considerata come risultato di una scomposizione; solo che questa è così originaria che deve valere piuttosto come un composto di pulsioni incompiuto.

Il nostro interesse si rivolgerà naturalmente alle seguenti questioni: se non sia possibile rintracciare relazioni rilevanti tra le formazioni, che abbiamo supposto, dell'Io, del Super-io e dell'Es, da un lato, e i due tipi di pulsioni dall'altro; e inoltre, se possiamo assegnare una posizione precisa al principio di piacere, che controlla i processi psichici, nei confronti di entrambi i tipi di pulsioni e delle differenziazioni psichiche. Prima di affrontare questa discussione, però, abbiamo un dubbio da risolvere, che riguarda il modo stesso di porre il problema. Per quanto concerne l'esistenza del principio di piacere non v'è dubbio, l'articolazione dell'Io si basa su riscontri clinici, ma la differenza tra i due tipi di pulsioni non sembra abbastanza certa, e probabilmente dati tratti dall'analisi clinica rivendicano la loro ragion d'essere.

Sembra che uno di tali dati vi sia. Riguardo all'opposizione tra i due tipi di pulsioni possiamo far riferimento alla polarità di amore e odio[1]. Mentre non è stato difficile trovare una rappresentanza dell'Eros, siamo invece molto soddisfatti di poter indicare come rappresentante della pulsione di morte – che è difficile da comprendere – la pulsione distruttiva, alla quale l'odio mostra la via. Ora, l'osservazione clinica ci insegna che l'odio non è solo, di regola, il compagno inaspettato dell'amore (ambivalenza), e spesso il suo precursore nelle relazioni umane, ma

[1] [Cfr. per il rapporto di amore e odio *Pulsioni e loro vicissitudini* (1915), in *Opere 1886-1921*, Newton Compton, Roma 2009; e i capitoli V e VI di *Il disagio della civiltà* (1930), Newton Compton, Roma 2010].

anche che, in diversi casi, l'odio si trasforma in amore e l'amore in odio. Quando questa trasformazione è più di una semplice successione temporale, più di una sostituzione, è evidente che viene meno il fondamento di quella basilare distinzione tra pulsioni erotiche e pulsioni di morte, che presuppone processi fisiologici che corrono in direzioni opposte.

Ora, il caso che inizialmente si ami e poi si odi la stessa persona, oppure il contrario, quando essa ne abbia dato motivo, non riguarda il nostro problema. Neppure è in questione il caso di un innamoramento non ancora manifesto, che si esprime inizialmente attraverso ostilità e tendenza aggressiva. Qui infatti la componente distruttiva potrebbe essere precedente all'investimento oggettuale fino a quando non si presenta la componente erotica. Ma conosciamo molti casi nella psicologia delle nevrosi, per i quali è preferibile ammettere che vi sia stata una trasformazione. Nella *paranoia persecutoria* il malato si difende in un certo modo da un legame omosessuale sovrarinforzato con una determinata persona, e il risultato è che questa persona, massimamente amata, diventa il persecutore, contro il quale si dirige l'aggressività, spesso pericolosa, del malato. Abbiamo diritto di ritenere che una fase precedente aveva trasformato l'amore in odio. Solo di recente la ricerca analitica ci ha mostrato nella formazione dell'omosessualità, ma anche dei sentimenti sociali desessualizzati, l'esistenza di forti sentimenti di rivalità, tendenti all'aggressività, e che solo dopo il loro superamento, l'oggetto, inizialmente odiato, diventa oggetto amato od oggetto di un'identificazione. Sorge la domanda se in questi casi si possa ammettere una diretta trasformazione dell'odio in amore. Qui si tratta di cambiamenti puramente interiori, rispetto ai quali non ha alcuna influenza un diverso comportamento dell'oggetto.

La ricerca analitica del processo di trasformazione paranoica ci fa però confidare nella possibilità di un altro meccanismo. È presente fin dall'inizio una posizione ambivalente, e la trasformazione avviene attraverso uno spostamento di investimento reattivo, in quanto viene sottratta energia alla pulsione erotica ed è portata energia alla pulsione distruttiva. Non proprio questo, ma qualcosa di simile accade nel superamento della rivalità ostile che conduce all'omosessualità. La posizione ostile non ha possibilità di soddisfacimento, perciò – dunque per motivi economici – è sostituita dalla posizione amorosa, che offre più possibilità di soddisfacimento, ovvero di scarica. Perciò, in nessuno di questi casi abbiamo bisogno di supporre una diretta trasformazione dell'odio in amore, che sarebbe incompatibile con la diversità qualitativa dei due tipi di pulsioni.

Tuttavia osserviamo che, ricorrendo a quest'altro meccanismo di trasformazione dell'amore in odio, abbiamo fatto tacitamente un'altra supposizione che merita di essere espressa. Ci siamo mossi come se nella vita psichica ci sia – indifferentemente nell'Io o nell'Es – un'energia spostabile che, in sé indifferenziata, conduce verso un moto, qualitativamente differenziato, erotico o distruttivo, in modo da aumentarne l'investimento complessivo. Non possiamo fare a meno di supporre l'esistenza di una tale energia spostabile. Ci si domanda solo da dove provenga, a chi appartenga, e che cosa significhi.

Il problema della qualità dei moti pulsionali e della loro conservazione nei diversi esiti pulsionali è ancora molto oscuro e finora è stato appena sfiorato. Nelle pulsioni parziali sessuali, che sono facilmente accessibili all'osservazione, si possono osservare alcuni processi che rientrano in quello stesso ambito, ad esempio, il fatto che le pulsioni parziali comunicano in un certo senso tra loro, che una pulsione proveniente da una particolare fonte erogena può cedere la sua intensità per il rafforzamento di una pulsione parziale proveniente da un'altra fonte, che il soddisfacimento di una delle due pulsioni sostituisce il soddisfacimento dell'altra e così via, circostanze che devono farci coraggio per osare ipotesi di un certo tipo.

Anche nella presente discussione posso offrire solo un'ipotesi, non una prova. Appare plausibile che questa energia spostabile ed indifferenziata, attiva nell'Io e nell'Es, provenga dalla scorta di libido narcisistica, sia dunque Eros desessualizzato. Ci sembra che le pulsioni erotiche siano, in genere, più plastiche, più deviabili, più spostabili rispetto alle pulsioni distruttive. Possiamo dunque senz'altro ritenere che questa libido spostabile lavora al servizio del principio di piacere, per evitare blocchi e facilitare le scariche. In questo vi è senza dubbio una certa indifferenza riguardo alla direzione in cui avviene la scarica, sempre che avvenga. Conosciamo questa tendenza come caratteristica dei processi d'investimento nell'Es. Si trova negli investimenti erotici laddove si è sviluppata una particolare indifferenza in relazione all'oggetto, in particolare nei transfert che durante le analisi devono essere realizzati, quale che sia la persona presa ad oggetto. Di recente, Rank ha portato buoni esempi su come reazioni nevrotiche di vendetta siano dirette contro persone sbagliate. Per quanto concerne tale comportamento dell'inconscio, viene da pensare all'aneddoto comico nel quale uno dei tre sarti del paese deve essere impiccato perché l'unico fabbro del paese ha commesso un delitto meritevole della pena di morte. La pena deve esserci comunque, anche se non viene punito il colpevole. La stessa leggerezza l'abbiamo notata inizialmente negli spostamenti del processo primario a proposito del lavoro onirico. Ciò che lì avviene agli oggetti, ovvero di trovarsi in una posizione di secondo piano, accadrebbe, nel caso di cui ci occupiamo, alle vie percorse dall'azione di scarica. Sarebbe proprio l'Io a impegnarsi in una maggiore precisione nella scelta dell'oggetto, così come nella via di scarica.

Se questa energia spostabile è libido desessualizzata, si può quindi anche chiamarla *sublimata*. Infatti essa si atterrebbe continuamente all'intenzione principale dell'Eros di riunire e di legare, in quanto serve alla produzione di quella unità, attraverso la quale – o attraverso il tendere alla quale – emerge l'Io. Se tra questi spostamenti comprendiamo i processi del pensiero, in senso ampio, dobbiamo ritenere che anche il lavoro del pensiero sia sostenuto dalla sublimazione di una spinta erotica.

Qui ci troviamo di nuovo davanti alla possibilità, a cui si è già accennato, che la sublimazione si verifichi normalmente attraverso la mediazione dell'Io. Ricordiamo l'altro caso in cui questo Io risolve i primi – e certamente anche i seguenti – investimenti oggettuali dell'Es, accogliendo in sé la loro libido, e legandola al mutamento dell'Io prodotto da un'identificazione. A questa trasformazione in libido dell'Io è collegato naturalmente un abbandono degli scopi sessuali, una desessualizzazione. In ogni caso, prendiamo così visione di un'importante opera dell'Io nel suo rapporto con l'Eros. Impadronendosi, in tal modo, della libido degli investimenti oggettuali, lo stesso Io si istituisce come unico oggetto d'amore, desessualizza o sublima la libido dell'Es, lavora contro le istanze dell'Eros e si mette al servizio degli avversi moti pulsionali. Per quanto riguarda un'altra parte degli investimenti oggettuali dell'Es, l'Io deve accettarli, deve, per così dire, cooperare. In seguito parleremo di un'altra conseguenza possibile di questa attività dell'Io.

Dovremmo dare, a questo punto, un'importante sviluppo alla dottrina del narcisismo. In origine tutta la libido è accumulata nell'Es, mentre l'Io è ancora in fase di formazione o debole. L'Es invia una parte di questa libido su investimenti oggettuali erotici, dopodiché l'Io, una volta rafforzato, cerca di impadronirsi di questa libido oggettuale e di imporsi all'Es come oggetto d'amore. Il narcisismo dell'Io è dunque un narcisismo secondario, tolto agli oggetti.

Abbiamo sempre più conferma dall'esperienza che i moti pulsionali, che possiamo analizzare, si rivelano come derivati dell'Eros. Se non fosse per le riflessioni svolte in *Al di là del principio del piacere* e, in fondo, per la presenza di contributi sadici dell'Eros, avremmo difficoltà a tenere ferma la fondamentale concezione dualistica. Poiché però vi siamo costretti, dobbiamo ricavarne l'impressione che le pulsioni di morte siano essenzialmente silenziose e il frastuono della vita provenga per lo più dall'Eros[2].

E dalla lotta contro l'Eros! Non si può negare l'idea che il principio di piacere serve all'Es come una bussola nella lotta contro la libido, la quale introduce disturbi nel corso della vita. Se il principio di costanza, nel senso di Fechner[3], domina la vita, che dunque dovrebbe consistere in uno scivolare verso la morte, sono le istanze dell'Eros, le pulsioni sessuali, quelle che come bisogni pulsionali fermano la riduzione del livello e introducono nuove tensioni. Da queste si difende l'Es, guidato dal principio di piacere, ovvero dalla percezione di dispiacere, in diversi modi. In primo luogo attraverso un'arrendevolezza, il più possibile accelerata, nei confronti delle richieste della libido non desessualizzata, dunque lottando per la soddisfazione di spinte sessuali dirette.

Ciò avviene nel modo più completo riguardo a soddisfacimenti di un certo tipo, nei quali sono riunite tutte le istanze parziali e vengono liquidate sostanze sessuali[4], le quali in un certo senso

[2] Secondo la nostra interpretazione, le pulsioni distruttive rivolte all'esterno sono state distolte dal proprio sé attraverso la mediazione dell'Eros.
[3] [Cfr. in proposito *Al di là del principio del piacere* (1920), in *Opere 1886-1921*, cit.].
[4] [Cfr. in proposito *Tre saggi sulla sessualità*, in *Opere 1886-1921*, cit.].

sono portatrici sature delle tensioni erotiche. La liberazione del materiale sessuale nell'atto sessuale corrisponde in un certo senso alla separazione di corpo e plasma germinale. Da ciò deriva la somiglianza tra la morte e lo stato che segue la piena soddisfazione sessuale e, negli animali inferiori, la coincidenza della morte con l'atto della procreazione. Questi esseri muoiono nella riproduzione, in quanto dopo l'annullamento dell'Eros, a mezzo del soddisfacimento, la pulsione di morte ha via libera per imporre le proprie esigenze. Infine, come abbiamo sentito, l'Io agevola l'Es nel lavoro di superamento delle tensioni in quanto sublima parti della libido per sé e per i suoi scopi.

5. Le condizioni di dipendenza dell'Io

L'intreccio della materia può scusare il fatto che nessuno dei titoli dei paragrafi corrisponda completamente al contenuto del capitolo e che, quando vogliamo studiare nuove relazioni, ricorriamo continuamente a quanto già è stato chiarito.

Così abbiamo detto ripetutamente che l'Io si forma in buona parte attraverso identificazioni, le quali sostituiscono investimenti abbandonati dall'Es; che le prime identificazioni si atteggiano di regola nell'Io come un'istanza particolare, la quale all'Io si oppone come Super-io, mentre l'Io, una volta rafforzato, può opporre resistenza contro tali influenze dell'identificazione. Il Super-io deve la sua particolare posizione nell'Io, o nei confronti dell'Io, a un fattore che va considerato sotto un duplice aspetto: in primo luogo, il Super-io è la prima identificazione che è avvenuta quando l'Io era ancora debole; in secondo luogo, esso è l'erede del complesso d'Edipo, dunque ha introdotto nell'Io gli oggetti più grandiosi. Il Super-io, in un certo senso, sta ai successivi mutamenti dell'Io come la fase sessuale primitiva dell'infanzia sta alla successiva vita sessuale dopo la pubertà. Sebbene sia aperto a tutte le influenze seguenti, il Super-io conserva per l'intera vita il carattere che ha ricevuto attraverso la sua genesi dal complesso paterno, ovvero la capacità di opporsi all'Io e di padroneggiarlo. È il monumento alla debolezza di un tempo e alla dipendenza dell'Io e continua a esercitare il suo dominio anche sull'Io maturo. Come il bambino era costretto ad ubbidire ai genitori, così l'Io si sottomette all'imperativo categorico del suo Super-io.

La sua origine dai primi investimenti oggettuali dell'Es, dunque dal complesso d'Edipo, significa però, per il Super-io, ancora di più. Come già abbiamo esposto, essa lo porta in relazione con le acquisizioni filogenetiche dell'Es e lo rende una reincarnazione di precedenti formazioni dell'Io che hanno lasciato i loro sedimenti nell'Es. Con ciò il Super-io sta continuamente vicino all'Es e può rappresentarlo di fronte all'Io. Si immerge profondamente nell'Es, è perciò più lontano dalla coscienza dell'Io[1].

Apprezziamo al meglio questi rapporti se ci riferiamo a certi dati clinici che da tempo non sono più novità, ma che devono essere ancora elaborati teoreticamente.

Vi sono persone che si comportano nel lavoro analitico in modo molto strano. Se viene data loro speranza o se viene manifestata soddisfazione per lo stato del trattamento, appaiono deluse e, di regola, il loro stato di salute peggiora. Inizialmente ciò viene considerato come ostinazione e sforzo di testimoniare al medico la propria superiorità. In seguito si giunge a un'interpretazione più profonda e più corretta. Ci si convince che queste persone non solo non sopportano alcuna lode o riconoscimento, ma reagiscono in modo contrario ai progressi della cura. Ogni soluzione parziale che dovrebbe portare a un miglioramento o a un temporaneo abbandono del sintomo, come accade per altri pazienti, suscita in loro un momentaneo rafforzamento della malattia. Durante la cura si aggravano invece di migliorare. Essi mostrano la cosiddetta *reazione terapeutica negativa*.

Non v'è dubbio che in questi pazienti qualcosa si oppone alla guarigione, il cui avvicinarsi è sentito come un pericolo. Si dice che in tali persone abbia il sopravvento non la volontà di guarigione, ma il bisogno della malattia. Se si analizza questa resistenza in modo tradizionale, se si mette da parte la posizione di sfida nei confronti del medico, la fissazione alle forme in cui si manifesta il vantaggio della malattia resta ancora la maggior parte della resistenza e si rivela il più forte ostacolo alla guarigione: più forte di quelli da noi già conosciuti, quali l'inaccessibilità narcisista, l'atteggiamento negativo nei confronti del medico, e l'attaccamento al vantaggio della malattia.

Si giunge infine alla comprensione che si tratta di un fattore per così dire "morale", di un senso di colpa, che trova il proprio soddisfacimento nell'essere malato e che non vuole rinunciare alla pena della sofferenza. Alla fine dobbiamo attestarci su questa spiegazione poco confortante. Ma tale senso di colpa è muto per il malato, non gli dice che egli è colpevole, il paziente non si sen-

[1] Si può anche dire che l'Io psicoanalitico, o metapsicologico, sta a testa in giù come quello anatomico, l'omino del cervello.

te colpevole, ma malato. Questo senso di colpa si manifesta solo come resistenza, difficilmente riducibile, contro la guarigione. È anche particolarmente difficile convincere il malato che questo sia il motivo del suo rimanere malato. Egli si fermerà alla spiegazione, più a portata di mano, che la cura analitica non sia il giusto metodo per aiutarlo[2].

Ciò che è stato qui descritto corrisponde ai casi estremi; potrebbe però interessare in misura minore moltissimi, forse tutti i casi più gravi di nevrosi. O meglio ancora, forse è proprio questo fattore, il comportamento dell'Ideale dell'Io, a determinare definitivamente la gravità di una malattia nevrotica. Non vogliamo perciò tralasciare alcune ulteriori osservazioni sul manifestarsi del senso di colpa in diverse circostanze.

Il senso di colpa normale, cosciente (coscienza morale), non presenta difficoltà di spiegazione: esso si fonda sulla tensione tra l'Io e l'Ideale dell'Io, è l'espressione di una condanna dell'Io da parte della sua istanza critica. I noti sentimenti di inferiorità del nevrotico non si dovrebbero distinguere molto da ciò. In due affezioni, che ci sono molto familiari, il senso di colpa è fortemente cosciente; in esse l'Ideale dell'Io manifesta una particolare severità e spesso si infuria contro l'Io in modo crudele. Accanto a questa concordanza, emergono nei due stati, nevrosi ossessiva e melanconia, difformità nel comportamento dell'Ideale dell'Io che non sono meno significative.

Nella nevrosi ossessiva (in certe sue forme) il senso di colpa è

[2] La lotta contro l'ostacolo dell'inconscio senso di colpa non è resa facile per l'analista. Non si può fare nulla direttamente contro, indirettamente non si può fare altro che scoprire lentamente le sue inconsce motivazioni rimosse, in modo tale che il senso di colpa inconscio si trasformi gradualmente in conscio. Si ottiene una particolare *chance* di influenza quando questo inconscio senso di colpa è qualcosa che è stato preso a prestito, ovvero è il risultato della identificazione con un'altra persona, che un tempo era stata oggetto di un investimento erotico. Una tale assunzione del senso di colpa è spesso l'unico resto, difficilmente conoscibile, della relazione d'amore alla quale si è rinunciato. La somiglianza con il processo che avviene nella melanconia è in proposito inconfondibile. Quando si riesce a scoprire questo passato investimento oggettuale dietro l'inconscio senso di colpa, il compito terapeutico è spesso brillantemente concluso, altrimenti l'esito dello sforzo terapeutico non è affatto assicurato. Esso dipende innanzitutto dall'intensità del senso di colpa, nei confronti del quale la terapia spesso non può opporre alcuna forza contraria dello stesso ordine di grandezza. Forse dipende anche dal fatto che la persona dell'analista permetta di essere collocata dal malato al posto del suo Ideale dell'Io, a ciò è legata la tentazione dell'analista di svolgere nei confronti del malato il ruolo del profeta, del salvatore di anime, del redentore. Poiché le regole dell'analisi si oppongono decisamente a un tale utilizzo della personalità del medico, è onesto ammettere che qui è posto un nuovo limite all'efficacia dell'analisi, la quale non deve rendere impossibili le reazioni patologiche, ma deve creare per l'Io del malato la *libertà* di decidere in un modo o in un altro.

fortissimo, ma non può giustificarsi davanti all'Io. L'Io del malato perciò oppone resistenza contro la presunzione di colpevolezza e pretende dal medico di essere rafforzato nel suo rifiuto di questi sensi di colpa. Sarebbe sciocco cedergli, poiché la cosa sarebbe inconcludente. Successivamente l'analisi mostra che il Super-io è influenzato da processi che sono rimasti sconosciuti all'Io. In effetti si rintracciano gli impulsi rimossi che fondano il senso di colpa. Il Super-io ha saputo qui qualcosa in più, rispetto all'Io, dell'inconscio Es.

L'impressione che il Super-io si sia impadronito della coscienza è ancora più forte nella melanconia. Ma qui l'Io non si azzarda a sollevare alcuna obiezione. Si riconosce colpevole e si sottomette alla punizione. Comprendiamo tale differenza. Nella nevrosi ossessiva si trattava di impulsi intollerabili che erano rimasti esterni all'Io. Nella melanconia invece l'oggetto che scatena la collera del Super-io è stato accolto nell'Io attraverso identificazione.

Certamente non è chiaro perché in entrambe queste affezioni nevrotiche il senso di colpa raggiunga una forza così straordinaria, ma il problema principale della situazione è altrove. Ne rinviamo la discussione fin quando non abbiamo trattato gli altri casi nei quali il senso di colpa resta inconscio.

Ciò si presenta essenzialmente nell'isteria e in stati di tipo isterico. Il meccanismo del rimanere inconscio è qui semplice da chiarire. L'Io isterico si difende dalla percezione penosa di essere minacciato della critica del suo Super-io nello stesso modo in cui si difende abitualmente da un investimento oggettuale insopportabile, ovvero attraverso un atto di rimozione. Dipende dunque dall'Io se il senso di colpa resta inconscio. Sappiamo che in genere l'Io effettua le rimozioni al servizio e per conto del Super-io. In questo caso però l'Io si serve della stessa arma contro il suo severo padrone. Nella nevrosi ossessiva prevalgono notoriamente i fenomeni della formazione reattiva, dove l'Io riesce solo a tenere lontano il materiale al quale si riferisce il senso di colpa.

Si può andare oltre e azzardare l'ipotesi che una gran parte del senso di colpa deve essere normalmente inconscia, poiché la nascita della coscienza morale è legata strettamente al complesso d'Edipo che appartiene all'inconscio. Se qualcuno volesse sostenere l'affermazione paradossale che l'uomo normale è non solo molto più immorale di quanto creda, ma anche molto più morale di quanto sappia, la psicoanalisi, sui cui risultati poggia la prima parte dell'affermazione, non avrebbe nulla da obiettare anche nei confronti della seconda[3].

È stata una sorpresa scoprire che un incremento di tale inconscio senso di colpa può rendere gli uomini criminali. Ma è senza dubbio così. Si riscontra in molti delinquenti, soprattutto giovani, un potente senso di colpa preesistente all'azione criminale che non è dunque la conseguenza di quell'azione, ma la sua causa: come se fosse sentito al pari di un sollievo poter legare questo inconscio senso di colpa a qualcosa di reale e attuale.

In tutti questi stati il Super-io dimostra la sua indipendenza dall'Io cosciente e le sue intime relazioni con l'Es inconscio. Ora, con riferimento al significato che abbiamo attribuito ai residui verbali preconsci nell'Io, si pone l'interrogativo se il Super-io, quando è inconscio, consista in tali rappresentazioni di parola o in qualche altra cosa. La risposta sarà semplicemente che non si può negare anche al Super-io la sua origine da ciò che viene udito. Esso è comunque una parte dell'Io e resta accessibile alla coscienza grazie a queste rappresentazioni di parola (concetti, astrazioni). Ma tali contenuti del Super-io non derivano *l'energia d'investimento* dalla percezione uditiva, dall'insegnamento, dalla lettura, bensì da fonti che si trovano nell'Es.

La domanda, la cui risposta avevamo rimandato, era: come accade che il Super-io si manifesti essenzialmente come senso di colpa (o meglio come critica, il senso di colpa essendo la percezione corrispondente nell'Io di questa critica) e con ciò sviluppi una durezza e una severità così straordinarie nei confronti dell'Io? Se ci riferiamo innanzitutto alla melanconia, troviamo che il fortissimo Super-io, che si è impadronito della coscienza, infuria contro l'Io con violenza spietata, come se si fosse impossessato di tutto il sadismo disponibile nell'individuo. Secondo la nostra interpretazione del sadismo diremmo che la componente distruttiva si è depositata nel Super-io e si è rivolta contro l'Io. Ciò che ora domina nel Super-io è una specie di coltura pu-

[3] Questa affermazione è solo apparentemente un paradosso: essa significa semplicemente che la natura dell'uomo, nel bene come nel male, oltrepassa ciò che egli crede di sé, ovvero ciò che è conosciuto dal suo Io attraverso la percezione della coscienza.

ra [Reinkultur] della pulsione di morte, ed effettivamente al Super-io riesce abbastanza spesso di spingere l'Io alla morte, a meno che questo non si difenda prima dal suo tiranno attraverso il capovolgimento nella mania.

Analogamente penosi e tormentosi sono i rimproveri della coscienza morale in determinate forme di nevrosi ossessiva. Ma qui la situazione è meno chiara. Contrariamente a quanto accade nella melanconia, è degno di nota che il nevrotico ossessivo [*Zwangskranke*], in realtà, non compie mai il passo di togliersi la vita; è come immune contro il pericolo di suicidio, ed è molto più protetto dell'isterico nei confronti di questo pericolo. Capiamo che è la conservazione dell'oggetto a garantire la sicurezza dell'Io. Nella nevrosi ossessiva diviene possibile, attraverso una regressione all'organizzazione pregenitale, che l'impulso amoroso si trasformi in impulso aggressivo contro l'oggetto. La pulsione distruttiva si è nuovamente liberata e vuole distruggere l'oggetto o, quanto meno, sembra avere tale intenzione. L'Io non ha accettato queste tendenze, fa loro resistenza con formazioni reattive e precauzioni. Tali tendenze restano nell'Es. Il Super-io però si comporta come se l'Io fosse responsabile di queste tendenze, e ci mostra, allo stesso tempo, attraverso la serietà con la quale persegue questi propositi di annientamento, che non si tratta di un'apparenza provocata dalla regressione, ma di una reale sostituzione dell'amore con l'odio. Indifeso da entrambi i lati, l'Io si oppone invano alle pretese dell'Es omicida, così come ai rimproveri della punitiva coscienza morale. Riesce solo a frenare le più gravi azioni di entrambi. Il risultato è inizialmente un infinito tormento di sé e, nello sviluppo successivo, un sistematico tormento dell'oggetto, laddove è accessibile.

Le pericolose pulsioni di morte sono trattate nell'individuo in diversi modi: in parte sono rese innocue attraverso il mescolamento con componenti erotiche, in parte sono riversate all'esterno come aggressività, in gran parte proseguono indiscutibilmente senza impedimenti il loro lavoro interno. Come accade dunque che nella melanconia il Super-io possa diventare una specie di luogo di raccolta [*Sammelstätte*] dell'impulso di morte?

Dal punto di vista del contenimento delle pulsioni, ossia della moralità, si può dire: l'Es è del tutto immorale, l'Io è impegnato ad essere morale, il Super-io può diventare ipermorale e dunque così crudele come solo l'Es può essere. È singolare che più l'uomo riduce la sua aggressività verso l'esterno, più diventa severo, e dunque aggressivo, nel suo Ideale dell'Io. All'osservazione comune sembra il contrario: l'istanza dell'Ideale dell'Io è considerata il motivo della repressione dell'aggressività. Ma le cose stanno così come le abbiamo descritte. Più una persona controlla la propria aggressività, più cresce la tendenza aggressiva del suo ideale nei confronti dell'Io[4]. È come uno spostamento, un rivolgimento contro il proprio Io. Anche la morale comune, normale, ha il carattere di qualcosa di fortemente limitante, di crudelmente proibente. Da ciò deriva la concezione di un'essenza superiore spietatamente colpevolizzante.

A questo punto, non posso illustrare oltre queste relazioni senza introdurre una nuova ipotesi. Il Super-io si è sviluppato attraverso un'identificazione con il modello paterno. Ognuna di queste identificazioni ha il carattere di una desessualizzazione o persino di una sublimazione. Sembra ora che in una tale trasformazione abbia luogo anche una scomposizione delle pulsioni. La componente erotica, dopo la sublimazione, non ha più la forza di legare l'intera distruttività ad essa aggiunta, e questa si libera come inclinazione aggressiva e distruttiva. Da tale scomposizione l'ideale riceverebbe, in genere, il tratto duro e crudele dell'imperioso dover essere.

Ci soffermiamo ancora brevemente sulla nevrosi ossessiva. Qui le relazioni sono diverse. La scomposizione dell'amore nell'aggressività non si è realizzata per opera dell'Io, ma è la conseguenza di una regressione che si è compiuta nell'Es. Questo processo però si è esteso dall'Es al Super-io, il quale ora inasprisce la sua severità nei confronti dell'Io innocente. In entrambi i casi però l'Io, il quale ha controllato la libido mediante un'identificazione, subirebbe per questo la punizione da parte del Super-io a mezzo dell'aggressività che era mescolata con la libido.

Le nostre ipotesi sull'Io si cominciano a chiarire e le sue diverse relazioni acquistano intelligibilità. Vediamo ora l'Io nella sua forza e nelle sue debolezze. Esso è investito di funzioni importanti: in virtù della sua relazione con il sistema percettivo produce l'ordine temporale dei processi psichici e li sottopone

[4] [Cfr. su questo tema il cap. VII di *Il disagio della civiltà* (1930), Newton Compton, Roma 2010].

all'esame della realtà[5]. Attraverso l'inserimento dei processi del pensiero, l'Io ottiene un rinvio delle scariche motorie e domina gli accessi alla motilità[6]. Questo dominio tuttavia è più formale che effettivo. L'Io ha, in relazione all'azione, all'incirca la posizione di un monarca costituzionale, senza la cui ratifica nessuna legge può essere emanata, il quale però riflette a lungo prima di porre il veto su una proposta del Parlamento. Attraverso tutte le esperienze di vita l'Io si arricchisce dall'esterno; l'Es è però l'altro suo mondo esterno che cerca di sottomettere. L'Io sottrae all'Es la libido, trasforma gli investimenti oggettuali dell'Es in formazioni dell'Io. Con l'aiuto del Super-io attinge, in un modo ancora oscuro per noi, dalle esperienze del passato remoto accumulate nell'Es.

Esistono due vie lungo le quali il contenuto dell'Es può entrare nell'Io. L'una è quella diretta, l'altra passa attraverso l'Ideale dell'Io e per alcune attività psichiche può essere decisivo quale delle due vie sia seguita. L'Io si sviluppa dalla percezione della pulsione al dominio della pulsione, dall'ubbidienza alla pulsione all'inibizione della pulsione. In questo lavoro trova nell'Ideale dell'Io, che in parte è una formazione reattiva contro i processi pulsionali dell'Es, un grosso contributo. La psicoanalisi è uno strumento che deve rendere possibile all'Io la conquista progressiva dell'Es.

Ma, d'altra parte, vediamo lo stesso Io come povera cosa, sottoposto a tre tipi di soggezione e quindi minacciato da tre tipi di pericolo: del mondo esterno, della libido dell'Es e della severità del Super-io. A questi tre pericoli corrispondono tre tipi di angoscia, poiché l'angoscia è l'espressione di un ripiegamento di fronte al pericolo. Come elemento di confine, l'Io vuole mediare tra il mondo e l'Es, sottomettere l'Es al mondo, e conformare il mondo al desiderio dell'Es attraverso le sue attività muscolari. L'Io si comporta proprio come il medico in una cura analitica, in quanto, tenendo conto del mondo reale, si offre come oggetto della libido all'Es e vuole dirigere verso di sé la sua libido. L'Io non è solo l'aiutante dell'Es ma è anche il suo servo sottomesso che cerca di conquistare l'amore del suo signore. Dove possibi-

[5] [Cfr. *L'inconscio* (1915), in *Opere 1886-1921*, Newton Compton, Roma 2009].
[6] [Ulteriori cenni in proposito si trovano nelle *Precisazioni sui due principi dell'accadere psichico* (1911), in *Opere 1886-1921*, cit.].

le, l'Io cerca di rimanere in accordo con l'Es, ricopre i suoi precetti inconsci con le sue preconsce razionalizzazioni, simula l'ubbidienza dell'Es nei confronti delle sollecitazioni della realtà, anche dove l'Es è rimasto rigido e irremovibile, cela i conflitti dell'Es con la realtà e, se vi riesce, anche quelli con il Super-io. Nella sua posizione intermedia tra l'Es e la realtà, cede solo troppo spesso alla tentazione di diventare servile, opportunista, bugiardo, quasi simile a un uomo di Stato che, a ragion veduta, vuole guadagnarsi il favore dell'opinione pubblica.

L'Io, nei confronti dei due tipi di pulsione, non resta imparziale. Attraverso il suo lavoro d'identificazione e di sublimazione, offre un contributo alle pulsioni di morte per contenere la libido nell'Es. Ma in tal modo cade in pericolo di diventare oggetto della pulsione di morte e di morire. Per poter essere d'aiuto l'Io stesso ha dovuto riempirsi di libido, diventando così rappresentante dell'Eros. E ora quindi l'Io vuole vivere ed essere amato.

Ma poiché il suo lavoro di sublimazione ha come conseguenza una scomposizione e una liberazione delle pulsioni aggressive nel Super-io, l'Io, nella sua lotta contro la libido, si espone al pericolo del maltrattamento e della morte. Quando l'Io patisce l'aggressione del Super-io, o addirittura vi soccombe, il suo destino è simile a quello dei protisti che vengono distrutti dai prodotti di decomposizione da essi stessi creati. Dal punto di vista economico ci sembra che la morale agisca nel Super-io come un tale prodotto di decomposizione.

Tra le condizioni di dipendenza dell'Io quella dal Super-io è la più interessante.

L'Io è il vero luogo dell'angoscia. Minacciato da tre tipi di pericolo, esso sviluppa il riflesso di fuga, in quanto ritrae il suo investimento dalla percezione minacciosa, o dal processo nell'Es considerato ugualmente minaccioso, e lo manifesta come angoscia. In seguito tale reazione primitiva è sostituita dalla produzione di investimenti di copertura (meccanismo delle fobie). Non è possibile stabilire ciò di cui l'Io ha paura nei pericoli esterni e nel pericolo rappresentato dalla libido nell'Es. Sappiamo che si tratta di paura di sopraffazione o di annientamento, ma non è afferrabile analiticamente. L'Io segue semplicemente l'avvertimento del principio di piacere. Al contrario è possibile dire ciò che si nasconde dietro l'angoscia dell'Io nei confronti del Super-io, dietro l'angoscia della coscienza morale. L'essere superiore, che è divenuto l'Ideale dell'Io, minacciava un tempo la castrazione, e quest'angoscia di castrazione è presumibilmente il nucleo intorno al quale si deposita la successiva angoscia della coscienza morale. Essa è ciò che prosegue come angoscia della coscienza morale.

L'affermazione altisonante: «Ogni angoscia è in realtà angoscia di morte», ha poco senso, e in ogni caso non è giustificabile. Mi sembra invece del tutto corretto separare l'angoscia di morte dalla paura dell'oggetto (paura reale) e dalla angoscia nevrotica della libido. L'angoscia di morte crea alla psicoanalisi un grande problema, poiché la morte è un concetto astratto di contenuto negativo per il quale non si può trovare una corrispondenza inconscia. È possibile che il meccanismo dell'angoscia di morte consista nel fatto che l'Io libera in gran misura i suoi investimenti di libido narcisistica, che dunque rinuncia a se stesso, così come, nel caso della paura, rinuncia a un altro oggetto. Intendo dire che l'angoscia di morte si gioca tra l'Io e il Super-io.

Conosciamo il modo in cui si presenta l'angoscia di morte in due casi che, del resto, sono assolutamente analoghi ai casi comuni di sviluppo dell'angoscia come reazione a un pericolo esterno e come processo interno, come accade, ad esempio, nella melanconia.

Ancora una volta il caso nevrotico può aiutarci a capire il caso concreto.

Nella melanconia l'angoscia di morte ammette solo una spiegazione: l'Io rinuncia a se stesso poiché si sente odiato e perseguitato dal Super-io e vorrebbe invece essere amato. La vita dunque per l'Io è equivalente all'essere amato, essere amato dal Super-io che, anche qui, si presenta come rappresentante dell'Es. Il Super-io rappresenta la stessa funzione protettiva e salvatrice svolta, in passato, dal padre, in seguito, dalla provvidenza o dal destino. Alla stessa conclusione deve giungere anche l'Io quando si trova in un pericolo reale immenso che non crede di poter superare con le proprie forze. Si vede abbandonato da tutte le forze protettive e si lascia morire. È ancora una volta, del resto, la stessa situazione che è alla base del primo grande stato d'angoscia della nascita e dell'angoscia-nostalgia infantile, che è quella della separazione dalla madre protettiva.

Sulla base di questa spiegazione l'angoscia di morte, così come l'angoscia della coscienza morale, può essere compresa come elaborazione dell'angoscia di castrazione. Per il grande significato che ha il senso di colpa nella nevrosi, non è da escludere neppure che la comune angoscia nevrotica subisca, in casi gravi, un rafforzamento per mezzo dello sviluppo dell'angoscia tra l'Io e il Super-io (angoscia di castrazione, angoscia della coscienza morale, angoscia di morte).

Infine, ritornando all'Es, questo non ha mezzi per dimostrare all'Io amore od odio. Non può dire cosa vuole. Non ha realizzato una volontà unitaria. In esso lottano Eros e pulsione di morte: abbiamo visto con quali mezzi le pulsioni di un tipo oppongono resistenza a quelle dell'altro tipo. Potremmo rappresentare tutto ciò così, come se l'Es si trovasse sotto il dominio delle pulsioni di morte, mute ma potenti, le quali cercano la pace e vogliono acquietare l'Eros disturbatore, secondo i suggerimenti del principio di piacere. Ma in questo modo finiremmo per sottovalutare il ruolo dell'Eros.

Inibizione, sintomo e angoscia

(1926)

[Il saggio fu pubblicato nel 1926 con il titolo *Hemmung, Symptom und Angst* dall'Internationaler Psychoanalytischer Verlag. È stato poi riprodotto in *Gesammelte Werke*, vol. 14, p. 111. In *The Standard Edition of the Complete Psychological Works of Sigmund Freud* compare nel vol. 20, p. 75. Con il titolo di *Inibizione, sintomo e angoscia*, è stato pubblicato nel 1978 nella traduzione di Mario Rossi per l'edizione Boringhieri, a cura di Cesare L. Musatti, vol. 10, p. 233. La presente traduzione è stata eseguita sulla base del testo di *Gesammelte Werke*, a cura di A. Freud, E. Bibring, W. Hoffer, E. Kris, O. Isakower, Fischer Verlag, Frankfurt (già Imago Publishing Co., London 1940 sgg.)].

Con l'angoscia alle spalle

Otto Rank riconduce le manifestazioni d'angoscia del bambino al trauma insito nell'evento della nascita: il venir meno della felice condizione intrauterina scatena il prodursi di impressioni sensoriali fortemente perturbanti, che resteranno sempre in agguato, generando le nostre prime fobie[1].

Hans Blumenberg coglie l'origine dell'angoscia umana nella conquista della posizione eretta dei nostri più antichi antenati e nel loro passaggio dalla foresta alla savana: l'abbandono della primitiva forma di vita allarga a dismisura l'orizzonte di percezione. Viene a instaurarsi ciò che è chiamato l'«assolutismo della realtà», l'uomo comincia a vivere in una situazione che non controlla e sente profondamente il rischio dell'avere intorno l'aperto di una totalità delle direzioni, in cui l'indeterminatezza della minaccia non fa che aumentare l'intensità del suo incombere[2].

Queste due visioni dell'angoscia sono molto lontane nel tempo e solo la prima, ovviamente, era nota a Freud, ma entrambe mi appaiono ruotare intorno alla domanda «che cos'è un pericolo?», che costituisce anche l'asse portante di Inibizione, sintomo e angoscia *che qui viene riproposto. La sua connessione intrinseca con il pericolo determina infatti la «posizione di eccezione» che l'affetto d'angoscia ha all'interno della vita psichica.*

Il padre della psicoanalisi affronta dunque un tema, quale quello dell'angoscia, ricco di risonanze antropologiche e speculative, così che la messa a fuoco della specificità e dell'originalità del suo approccio non potrà evitare di misurarsi con le sue possibili implicazioni filosofiche.

[1] O. Rank, *Das Trauma der Geburt und seine Bedeutung für die Psychoanalyse*, Wien 1924.

[2] H. Blumenberg, *Elaborazione del mito*, trad. it. Il Mulino, Bologna 1991, pp. 25-58.

1. Elogio dell'Io

A un certo punto del suo saggio, Freud dichiara di sentire da tempo il problema dell'angoscia «come in sottofondo, in agguato», quasi non si potesse discutere di quest'affetto senza esserne in qualche modo coinvolti, catturati. La sua esposizione, tuttavia, è assolutamente sobria, anche se non è semplice orientarsi in un andamento denso di forti contrasti. Abbiamo comunque davanti un testo che si presenta come un cammino scandito da tappe successive, nel corso del quale alcune acquisizioni vengono superate, ma nello stesso tempo conservate, per essere inquadrate in una visione sempre più ampia, un percorso, tuttavia, che anche al suo termine ammette la propria problematicità e apertura. La difficile afferrabilità dell'angoscia non ha però il sopravvento e, alla fine, il rigore e la coerenza dell'indagine riescono ad offrirci un contributo teorico che ancor oggi si impone per la forza e la sottigliezza delle sue argomentazioni.

*Il punto fermo dal quale prendere le mosse è costituito dalla evidente presenza nella trattazione dei risultati teorici dell'*Io e l'Es[3]. *Molto presto, infatti, Freud arriva all'affermazione decisiva che la sede, il «luogo» dell'angoscia è costituito dall'Io. Diventa così possibile l'apertura di un campo d'osservazione basato esattamente sulla distinzione dei processi dell'Es da quelli dell'Io, sull'opporsi di quest'ultimo alle spinte libidiche. Il senso della «svolta» del 1923 sta proprio nel riorientare lo sguardo dal rimosso al rimuovente, nell'approfondire la struttura dell'Io, sottolineando, certo, la sua «impotenza» e debolezza, ma anche il suo ruolo nella rimozione.*

Freud si impegna in una rivisitazione del caso clinico del «piccolo Hans» per arrivare a mostrarci la connessione tra la funzione dell'Io e il fatto che è l'angoscia il principio motore della rimozione[4]. *Questa tesi costituisce, almeno in prima istanza, un rovesciamento di quanto in precedenza Freud stesso aveva sostenuto: che il togliere, nella rimozione, da parte dell'Io, l'investimento da una rappresentazione pulsionale comportasse una*

[3] S. Freud, *Das Ich und das Es*, Wien 1923.

[4] Id., *Analyse der Phobie eines fünfjäherigen Knaben*, Wien 1908 (trad. it. *«Il caso del piccolo Hans». Analisi di una fobia in un bambino di cinque anni*, in *Opere 1886-1921*, Newton Compton, Roma 2009).

sua conversione, capace di generare l'affetto spiacevole dell'angoscia. Quella che viene ora messa in questione è una trasposizione diretta della libido in angoscia, per cui ciò che al massimo si può accettare è una corrispondenza economico-quantitativa tra l'impulso da rimuovere e l'angoscia, ma mai una provenienza diretta dell'una dall'altro.

Comunque, già nella prima imperfetta formulazione emergeva che la questione della trasformazione dell'energia psichica ci costringe a installarci in una zona di confine tra la dimensione somatica e quella psicologica, in un territorio in cui sono in gioco anche «necessità biologiche», legate all'autoconservazione dell'individuo e al suo adattamento all'ambiente.

È a questo punto che vengono poste al centro la situazione di pericolo e le sue conseguenze sul piano emotivo, nel sottolineare che gli affetti hanno una indubbia matrice traumatica, che essi si legano a tracce mnestiche di primitive esperienze di minaccia. In questo senso l'angoscia è affermata come l'affetto originario e si apre la possibilità di ricondurla al trauma della nascita. Questa connessione, tuttavia, a giudizio di Freud, non deve essere sopravvalutata, perché l'angoscia non è sempre e in ogni caso la riproduzione di ciò che si è provato nel venire al mondo, anche se non possiamo non constatare la grande intensità nelle prime e più antiche manifestazioni d'angoscia e il loro dar vita alle rimozioni più arcaiche.

Per dar ordine al discorso occorre però prendere le mosse dall'Io e dal suo regolare tanto l'accesso alla coscienza, quanto il nostro confronto attivo con il mondo. Emerge allora che l'Io non lotta solo contro il moto pulsionale, ma anche contro il sintomo, tentando, attraverso una conversione dell'energia, di includerlo nella sua organizzazione e, in forza della sua capacità di legare e unificare, di ridurne l'estraneità e l'isolamento.

Il caso del piccolo Hans è esemplare in proposito: l'Io lotta contro una limitazione funzionale che è esso stesso a imporsi, nel tentativo di risolvere un conflitto e di non far sorgere l'angoscia. Tuttavia, se la formazione del sintomo è una conseguenza della rimozione, questa a sua volta deve se stessa all'angoscia propria dell'Io. La fobia del primo piccolo paziente di Freud è causata dall'angoscia di castrazione che è un'angoscia dell'Io nei confronti di una dinamica libidica. L'angoscia di ca-

strazione è un segnale che contrasta e nasconde i processi di tipo edipico che hanno luogo nell'Es e produce inibizioni e sintomi che esprimono la possibilità di mediare e di non subire direttamente un conflitto di forte intensità e ambivalenza, quale appunto quello edipico. Il sintomo si mostra così capace di «regolare» l'angoscia, di operarne una «sospensione», di renderla «facoltativa». La fobia è un manifestarsi alterato dell'angoscia di castrazione, che ha il vantaggio di costituire una esteriorizzazione del conflitto. Un pericolo interno, la pulsione, si trasforma in una fobia che comporta un affetto spiacevole meno intenso e rivolto a un pericolo esterno che è più agevole da evitare e nei confronti del quale appare più facile proteggersi.

La situazione che stiamo considerando non è però così semplice: Freud stesso ci dice che la pericolosità di una pulsione come quella edipica non le è intrinseca, ma si lega al comparire di un'istanza «altra», alla minaccia di castrazione, all'intervento di qualcosa di «esterno». Quindi l'angoscia come reazione a un pericolo interno assumerà un carattere che sarà nello stesso tempo interno-esterno. Inoltre, se parliamo di pericolo, il modello sarà innanzitutto il pericolo reale, il quale, tuttavia, nel legarsi alla modalità del suo esser percepito si configurerà a sua volta sempre come qualcosa di esterno-interno.

La nevrosi ossessiva, dal canto suo, ha la sua radice nell'angoscia dell'Io davanti al Super-io, in quello che è da considerare il motore di tutte le successive formazioni sintomatiche. Rispetto all'angoscia di castrazione, questa legata al Super-io si caratterizza per una forma di interiorizzazione ancora più marcata, ma i sintomi che nascono dal pericolo segnalato dall'angoscia sono rivolti a una minaccia esterna, e quindi anche questa dimensione non potrà essere ignorata.

2. Una nuova interpretazione dell'angoscia

A questo punto, però, assistiamo ad un ulteriore passo del procedere freudiano. Il caso del piccolo Hans è servito essenzialmente per attestarsi su una visione dell'angoscia come segnale di pericolo e dunque come generatrice di sintomi e inibizioni. Senza abbandonare questa acquisizione, ma tentando di approfondirla, Freud perviene a una considerazione dell'ango-

scia come reazione ad una perdita, come intimamente legata alla separazione. Ripartendo dall'angoscia di castrazione, quel che egli cerca di farci vedere è che, più propriamente, il pericolo a cui si reagisce è quello dell'esser abbandonati da una istanza di protezione: in gioco è essenzialmente la questione della perdita d'oggetto. Si impone nuovamente il tema della nascita, perché la prima, la più originaria forma di perdita, è la separazione dalla madre. Quella che viene annunciata come una «nuova interpretazione dell'angoscia» è dunque da intendere come una reazione affettiva a una separazione. In questo modo, il primo problema che si pone sta nel distinguere lo stato affettivo spiacevole che chiamiamo angoscia dagli altri affetti legati alla perdita quali, ad esempio, il dolore e il lutto. Quest'ultimo è la forma più nota di reazione alla perdita d'oggetto, la quale implica sempre un dolore che però nel lutto si presenta con una particolare intensità. La modalità del suo distacco nasce dal venir meno dell'esistenza dell'oggetto, qualcosa che ci viene attestato dal principio di realtà. Il lutto ha il compito doloroso di operare una «retrocessione» nei confronti di un oggetto verso il quale l'investimento era particolarmente elevato e vive il dolore nostalgico di un inappagamento definitivo, che si riproduce in tutte quelle situazioni che si ricollegano a quell'investimento. Nella nascita si sprigiona unicamente angoscia, ma per la situazione traumatica stessa, non per la perdita d'oggetto, come accadrà nelle situazioni di mancanza della madre. L'angoscia, allora, è la reazione al pericolo che tale perdita comporta e, con uno scarto ulteriore, la reazione al pericolo della perdita d'oggetto in quanto tale.

Questo nuovo livello del discorso freudiano non è però anch'esso esente da dubbi e interrogativi, legati al fatto che «l'angoscia è priva di alcunché di appariscente». Per ripartire occorre tener presente il collegamento fra l'angoscia e ben individuabili sensazioni corporee, con processi di scarica che le appartengono direttamente. Viene così a riconfermarsi l'ipotesi che al suo fondo ci sia un incremento dell'eccitamento, secondo una fisiologia in base alla quale un incremento portatore di una sensazione spiacevole si «alleggerisce» attraverso la scarica.

Il più significativo progresso nell'argomentazione l'abbiamo però nel momento in cui Freud introduce il «fattore storico», *capace di costituire una riorganizzazione di tutta la materia. Si manifesta una temporalità propria dell'angoscia, un suo scandirsi secondo esperienze legate a momenti determinati della vita dell'uomo. Innanzitutto, certo, l'evento della nascita, ma poi essenzialmente la condizione infantile di «mancanza» (*Vermissen*) della persona che si ama e si desidera, per arrivare alla figura del padre. Quel che appare rilevante, in ciò che a un primo sguardo può sembrare un semplice metter ordine a quanto già in precedenza affermato, è l'ulteriore sforzo freudiano di collegare le diverse forme di pericolo al «mancato soddisfacimento» e, quindi, a una «crescita di tensione», indice, di volta in volta, di quella che potremmo chiamare una vera e propria fenomenologia dell'impotenza.*

Si delinea così lungo l'asse dell'opposizione fra potenza e impotenza un percorso segnato da tappe dotate di una ben precisa configurazione. La nostra vita comincia con una forma estrema di impotenza e di dipendenza dall'altro e, nell'evolvere fino alla differenziazione del Super-io, il cui potere sarà l'esatto correlato della nostra impotenza, a ognuna di queste fasi corrisponderà una ben determinata forma di angoscia, che riguarderà una modalità specifica della perdita. L'angoscia di castrazione, ad esempio, benché intrisa del timore per l'«ira» del Super-io, risulta sostanzialmente legata alla perdita di una figura protettiva. Un'ulteriore forma sarà poi la Gewissensangst, *l'angoscia morale, la quale va al di là del primo nucleo del Super-io come istanza genitoriale. L'arricchirsi delle nostre forme di relazione produrrà l'angoscia sociale, il cui contenuto concerne l'esclusione e la messa al bando rispetto a un contesto di appartenenza. Si può infine arrivare a identificare il Super-io con il destino e, in questo caso, provare un'angoscia di totale sottomissione, estrema configurazione della nostra dipendenza da una sovra-potenza che ci domina come una necessità estranea e cieca. In tutti questi casi l'angoscia ha comunque un nucleo costante, costituito da un «eccesso di tensione», legato al nostro esser bisognosi, dipendenti, esposti all'altro.*

L'aver introdotto una corrispondenza tra le diverse età della vita e le specifiche condizioni d'angoscia ha come effetto quello di eliminare la nascita come modello; ciò non implica, però, che una certa forma di angoscia non possa sussistere anche in momenti successivi e che in determinate epoche della nostra esistenza non possano presentarsi contemporaneamente differenti modalità d'angoscia.

3. Angoscia e nevrosi

Quel che interessa a Freud, nel tentare di sviluppare ulteriormente la sua trattazione, è illuminare con più cura il fatto che l'angoscia sia «il fenomeno fondamentale e il problema principale della nevrosi», vale a dire – come sappiamo – che la formazione dei sintomi si generi nel tentativo di sfuggire all'angoscia, sia cioè uno sforzo di legare un'energia che altrimenti si scaricherebbe come angoscia. Allora la nevrosi ci mostra come la fuga dall'angoscia con il ricorso alla produzione di sintomi non sia priva di rischi, ma comporti l'inevitabile prezzo dell'insorgere della sofferenza psichica. In analogia con la fuga da un pericolo esterno, il processo di difesa è un tentativo di sottrarsi a un pericolo pulsionale, uno sforzo che va nella direzione di un'esteriorizzazione del conflitto. Del resto gli stessi moti pulsionali legano la loro pericolosità al rischio di farci correre dei pericoli esterni, il loro soddisfacimento appare, innanzitutto e per lo più, conflittuale nei confronti della realtà. Un pericolo che nasce nel mondo diventa significativo per l'Io se è interiorizzato, riconosciuto nella sua relazione con l'impotenza già sedimentata nell'Io, generando una situazione affettiva inadeguata ed eccessiva.

Tutto ciò deve indurci ad affermare che la distinzione tra interno ed esterno appare come un confine mobile, in quanto se è vero che la nevrosi ossessiva coincide con una forte interiorizzazione del conflitto, essa tuttavia produce dei sintomi che inducono comportamenti reali, i quali configurano il nostro concreto essere nel mondo. A volte, però, la vigilanza del Super-io ci preserva da situazioni esterne pericolose e capaci di produrre forti tensioni. Inoltre, nella direzione opposta, un pericolo esterno trova un referente, un sostituto interno, come nel caso dell'angoscia sociale, che può sorgere a partire dalla pressione che una determinata dimensione relazionale esercita su un individuo.

Freud pronuncia parole di estrema prudenza a proposito del perché alcuni individui cadano nella nevrosi: in essi abbiamo un aumento dell'eccitamento che non si riesce a scaricare, così che l'affetto d'angoscia non può essere sottomesso, usato solo come segnale e inglobato nella normale vita psichica. Qualsiasi tentativo di spiegazione impone comunque di partire dall'istanza dell'Io, il quale con la rimozione inibisce una parte dell'Es, ma nello stesso tempo, escludendola da sé, la rende indipendente, rinunciando così a una parte della propria sovranità e limitando il perimetro della propria organizzazione. L'Es da parte sua, attraverso la coazione a ripetere, tende a fissare la rimozione, così che solo l'analisi può aiutare l'Io a ristabilire il suo dominio su ciò che egli stesso aveva bandito, togliendo ai moti pulsionali un esclusivo ancoraggio al passato e obbligandoli a un confronto con la realtà. Tuttavia, Freud non nasconde il fatto che vi sia un limite intrinseco alle nostre conoscenze, essendo i rapporti quantitativi dotati di grandezze relative a svolgere in ultima istanza un ruolo decisivo circa il successo o la sconfitta dell'Io nei suoi sforzi di allargare i propri confini.

La cautela critica con cui Freud ritiene di dover procedere non gli impedisce però di costruire un quadro di riferimento, articolato in tre fattori, per comprendere le condizioni che creano il conflitto psichico e così indagare i processi costitutivi delle nevrosi. Il primo è chiamato «fattore biologico» e coincide con la lunga dipendenza e lo stato di impotenza del bambino. Freud ci dice che il piccolo dell'uomo è «gettato» nel mondo e vive in una situazione di estremo pericolo e di non autonomia, che provoca un'enorme valorizzazione delle figure protettive e il bisogno di essere amati. Il secondo fattore, «filogenetico», riguarda il particolare sviluppo della vita sessuale umana, il quale comporta il rischio patogeno che modelli infantili rimossi possano prevalere su impulsi sessuali più maturi e controllati dall'Io. Il terzo fattore, definito «psicologico», ha a che fare con la differenziazione dell'Io dall'Es.

4. Che cos'è l'angoscia?

Freud fa concludere il suo lavoro con un capitolo chiamato Aggiunte, *nel quale opera un'importante distinzione fra l'*Angst *(angoscia), dotata di un carattere di indeterminatezza e di assenza d'oggetto, e la* Furcht *(paura), che si rivolge sempre ad un* oggetto. Questa precisazione terminologica è introdotta ex post e non risulta applicata nel corso dell'esposizione che abbiamo ricostruito. Se si evitano i fraintendimenti ai quali essa può dare luogo diventa possibile comprendere come questa distinzione costituisca il passo finale del discorso freudiano e sia ricca di implicazioni teoriche e anche di veri e propri spunti filosofici.

Davanti a un pericolo possiamo avere una reazione adeguata di paura Furcht, o quella che viene chiamata angoscia reale, che ugualmente percepisce come pericolo un oggetto determinato, ma rispetto alla paura può costituire una reazione segnata dalla sproporzione e dalla inadeguatezza. L'angoscia nevrotica è suscitata da un pericolo che non conosciamo e che è ancora da scoprire, un pericolo pulsionale inconscio. Da un certo punto di vista possiamo intendere l'analisi come un processo volto a eliminare la distinzione fra angoscia nevrotica e angoscia reale e teso a dare a quest'ultima il carattere della paura, evitando che l'aspettativa propria dell'angoscia possa intensificarsi e assumere un carattere paralizzante. Lo sforzo terapeutico però è costretto a nuoversi sui margini dell'angoscia, non sapendo nulla del suo importante lato quantitativo, e deve limitarsi a tentare di dare un oggetto all'angoscia, mantenendola così nella sua funzione di segnale di pericolo. Tale nesso costitutivo tra l'angoscia e il pericolo conduce Freud ad approfondire quello che dobbiamo intendere come il nucleo significativo del pericolo: un rapporto di forze che viene a instaurarsi sia fra le istanze psichiche che fra noi stessi e la realtà. Quindi, il pericolo in generale è il contrassegno di una sproporzione, di una impotenza materiale e psichica dell'uomo. Possiamo dire che l'Io ha già vissuto un trauma, ha al fondo di se stesso un'esperienza di non potere. Le situazioni di pericolo corrispondono a quei momenti in cui ci aspettiamo di provare impotenza e diamo vita al segnale d'angoscia, anticipando il trauma e comportandoci come se esso fosse già presente, in un'attesa che a volte ci permette di ripeterlo in forma attenuata.

Se colleghiamo al pericolo la perdita d'oggetto, dobbiamo prendere in considerazione le varie forme che essa può assumere. In particolare il venir meno della figura protettiva può essere innalzato a supremo pericolo e, quando ciò accade per tutta la vita, il soggetto in questione può essere considerato un indi-

viduo che non riesce a crescere e ad abbandonare la condizione dell'infanzia.

Quel che dobbiamo acquisire alla fine del nostro percorso è che in Freud l'angoscia è l'affetto originario che ha a che fare con una mancanza costitutiva dell'essere uomo, la cui esistenza è scandita da forme diverse di perdita. Per la sua indeterminatezza e assenza d'oggetto, essa assume un ruolo disvelante rispetto al nostro stesso modo di essere, al nostro oscillare tra il riferimento alla realtà e il riferimento a noi stessi, tra la dipendenza e l'indipendenza. L'alterità irriducibile del mondo in cui siamo gettati fa sì che le forme di controllo e dominio che mettiamo in atto non possano sottrarci a un soccombere che non è che l'altra faccia della nostra impotenza[5]*. Se questa è la posizione originaria dell'uomo nel cosmo, essa si riproduce al nostro interno e le forme precarie di difesa a cui ricorriamo, lungi dall'eliminare i conflitti psichici, rischiano solo di farceli vivere nella forma opaca e irrigidita dei sintomi e delle inibizioni. Dobbiamo dunque fare i conti con l'angoscia, con quell'affetto «che non può mancare», con quell'energia profonda, iscritta nel fondo della nostra psiche, che ci costringe alla fatica di Sisifo di una continua ricerca di oggetti sostitutivi, che non riusciranno, comunque, a eliminare la sua inesorabile produttività. Accettare che l'angoscia possa avere un carattere disvelante può significare seguirla nel suo adattativo essere un segnale di pericolo, ma soprattutto assumerla come segnavia della minaccia più radicale: che l'uomo possa essere un pericolo per se stesso.*

5. Perché Heidegger?

Freud si guarda bene dal tematizzare esplicitamente quello che comunque può essere chiamato un inevitabile strato filosofico del suo pensiero. Il procedere psicoanalitico vuole attenersi ai fatti e descrivere fenomeni, ma il suo stesso oggetto, i moti più profondi dell'animo umano, lo conducono ai confini di se stesso, dove, anche se forse malvolentieri, viene a trovarsi a contatto con la filosofia. Trasgredisco dunque l'ironica diffi-

[5] «La forza per la quale l'uomo persevera nell'esistenza è limitata, ed è superata infinitamente dalla potenza delle cause esterne». B. Spinoza, *Etica*, Quarta parte, Proposizione III. Spinoza bilancerà questo senso della fragilità umana riconoscendo nel rapporto fra la conoscenza e la gioia la forza ad essa antagonista.

denza freudiana verso la speculazione, per chiamare in causa uno dei filosofi più controversi del secolo scorso, Martin Heidegger, al quale come è noto, almeno in una fase del suo cammino di pensiero, dobbiamo una meditazione sull'angoscia che continua a mostrarsi degna di essere ripensata[6]. *Il registro ontologico-esistenziale del discorso heideggeriano ha il merito di affrontare direttamente le questioni che la psicoanalisi lascia per così dire in sospeso, ma che indubbiamente continuano ad urgere a monte dei suoi concetti fondamentali, fra i quali l'angoscia occupa uno dei posti di massimo rilievo*[7].

*Heidegger nel momento in cui solleva la domanda sul «chi» dell'uomo prende le mosse dal nostro essere gettati nel mondo, dando a questa nozione di «gettatezza» (*Geworfenheit*) il compito di indicare un esistere per il quale vige una precaria assenza di garanzie e che innanzitutto si presenta come un semplice «trovarsi»*[8]. *A questo darsi dell'esistenza nella sua nudità corrisponde il fatto che l'esserci umano è sempre emotivamente intonato e che i nostri affetti sono soggetti a un comportamento spontaneo che si caratterizza essenzialmente come una fuga da noi stessi. L'esistere è un esser esposto a un'alterità irriducibile, nel senso che non ha fondamento né in se stesso, né in una realtà superiore e, quindi, mostra una sorta di traumaticità ontologica che cerchiamo in tutti i modi di coprire. Il nostro affaccendarci quotidiano assume, in questa prospettiva, la forma di una gigantesca autorassicurazione, esprime un'esigenza di "familiarità" con gli altri e con le cose del mondo. La paura, come paura davanti a qualcosa, esprime un «esser presso» che si iscrive perfettamente nel perimetro tranquillizzante, che costantemente mettiamo in campo nei confronti di ciò che ci viene incontro. Allora la fuga, l'estraniante uscita da noi stessi coin-*

[6] Per uno stimolante confronto sull'angoscia tra Freud e Heidegger cfr. M. La Forgia, *Il vincolo dell'angoscia nella morfogenesi della soggettività*, in AA.VV., *Il vincolo*, Cortina, Milano 2006, pp. 173-194.

[7] Disponiamo di un testo che raccoglie i seminari tenuti per diversi anni da Heidegger in Svizzera, a casa di Medard Boss, e rivolti a un pubblico di psichiatri e psicoterapeuti, in cui ampio spazio è occupato dal confronto diretto con Freud: M. Heidegger, *Seminari di Zollikon*, trad. it. Guida, Napoli 1991. Per un approfondimento delle tematiche di questi seminari mi sia concesso rinviare a P. Vinci, *Essere ed esperienza in Heidegger*, Stamen, Roma 2008, pp. 151-175.

[8] Per comprendere la concezione heideggeriana dell'angoscia occorre partire dal suo capolavoro *Essere e tempo*, in cui troviamo prima un'analisi della gettatezza e della situazione emotiva e infine una trattazione diretta dell'angoscia: M. Heidegger, *Essere e tempo*, trad. it. UTET, Torino 1969, § 29, § 38 e § 40.

cide con l'assunzione dei codici sociali e culturali, ai quali da quando veniamo al mondo apparteniamo. La possibilità che l'essere umano ha di non riprodurre costantemente questo comportamento è da Heidegger affidata all'esperienza dell'angoscia, la quale coincidendo con l'accesso a noi stessi ci rivela il motore nascosto di quel nostro incessante movimento diversivo[9]*. L'angoscia ha come tratto caratterizzante lo «spaesamento», vale a dire comporta una perdita dell'orientamento che fa sì che tutto ciò che ci circonda cada nell'irrilevanza e nell'indeterminatezza, sprofondi nell'indifferenza. L'angoscia si rivolge a un «minaccioso che non ha nessun luogo» disvelando che nel nostro essere "a casa" (*heimlich*), cioè presso noi stessi, siamo "non a casa" (*unheimlich*), così che il massimamente familiare è sempre anche estraneo*[10]*. Nell'angoscia, quindi, retrocediamo al nostro essere, al nostro «proprio», a una sua mancanza costitutiva, al suo essere rivolto verso il nulla.*

Quel che colpisce in questo discorso heideggeriano è il suo iscrivere nel cuore della nostra soggettività un'antinomia irrisolvibile, legata alla natura ancipite dell'angoscia. Essa comporta uno stato di «inusitata sospensione», ci opprime col venir meno del consueto ordine dei significati, ma questo stato comporta anche una «quiete incantata». Se facciamo esperienza dell'orrida gratuità delle cose, proviamo sgomento per lo sgretolarsi delle ovvietà che ci guidano nel nostro muoverci quotidiano nel mondo, ma questo, che Heidegger chiama il «vigere del nulla», permette a ciò che incontriamo di «ridestare e attirare su di sé lo stupore», così da farci aprire alla «serenità e alla mitezza dell'aspirazione creatrice». Nell'esperienza del nulla viene sospeso l'orizzonte che predetermina la modalità con cui ci prendiamo cura delle cose e si libera così una forma inedita di rivolgerci ad esse che ne lascia manifestare l'alterità, accettando la loro "eccedenza" e confrontandosi con la loro autonoma ricchezza di senso. L'angoscia implica dunque una rottura della continuità esistenziale, in un ritorno a se stessi che

[9] Heidegger ritorna sull'angoscia nella famosa prolusione tenuta a Friburgo nel 1929: M. Heidegger, *Che cos'è metafisica*, in Id., *Segnavia*, trad. it. Adelphi, Milano 1987, pp. 59-77.

[10] Freud prende in considerazione l'estrema vicinanza posseduta da termini contrari e si sofferma in particolare sulla coppia *unheimlich* e *heimlich*: S. Freud, *Significato antitetico delle parole primitive*, in *Opere 1886-1921*, Newton Compton, Roma 2009. Questa polarità familiare-estraneo è ripresa in Id., *Il perturbante*, in *Opere 1886-1921*, cit.

scopre una vicinanza estrema fra il nulla e la possibilità, intesa come creativa potenzialità del nuovo.

Credo che sia stato Donald W. Winnicott a intuire come al fondo dell'animo umano, nel momento del suo massimo isolamento dal mondo, si dia una duplicità fra lo sgomento legato alla perdita dell'unità e la quiete che nasce dalla fiducia legata al sentimento di essere se stessi[11]*. All'«eccesso» negativo, del dover ammettere l'indipendenza della realtà, può corrispondere un senso di autocoincidenza che è fonte di creatività. Nell'autenticità dell'esser nel «proprio» e dell'esser unici, si genera angoscia, ma può anche sorgere una «terza area» che è un ponte, fatto dall'immaginazione e dalla fantasia fra il Sé e il mondo. Il merito di questa winnicottiana indipendenza creativa mi sembra soprattutto quello di farci capire come l'onnipotenza possa non essere solo distruttiva e come vi sia un polo di indipendenza a cui la soggettività non può rinunciare. Allora, l'ammissione per l'uomo di un'impotenza strutturale legata al venir meno della continuità, del vincolo con l'altro, non deve portarci a conclusioni frettolose e unilaterali. Nel fare i conti con questo dato ultimo dell'esistenza umana, prendendolo come punto di partenza per la considerazione delle dinamiche psichiche decisive, i due estremi costituiti, da un lato, dal freudiano «bisogno d'amore» e dall'altro dalle spinte autoaffermative, mostrano entrambi una polarità interna che toglie loro un significato positivo o negativo predefinito. Il legame può, infatti, significare anche dipendenza e l'onnipotenza, da parte sua, creatività e indipendenza, in un'oscillazione fra l'isolamento e l'appartenenza, l'autoriferimento e il rapporto con gli altri che segnerà ogni individuo per l'intero corso della sua esistenza.*

PAOLO VINCI

[11] Riguardo alla condizione di estremo isolamento Winnicott ha accenti particolarmente significativi: «Sebbene le persone sane comunichino e godano di questa comunicazione, è pur vero l'altro fatto, ovvero che ogni individuo è isolato, costantemente non comunicante, costantemente ignoto, di fatto non scoperto», in D. W. Winnicott, *Comunicare e non comunicare: studi su alcuni opposti*, in *Sviluppo affettivo e ambiente*, trad. it. Armando, Roma 1970, p. 241; tutta questa raccolta winnicottiana di conferenze e saggi costituisce un approfondimento del tema dell'indipendenza dell'individuo. Per il discorso sulla creatività cfr. Id., *Gioco e realtà*, trad. it. Armando, Roma 1990.

1.

Nel descrivere i fenomeni patologici distinguiamo, secondo il nostro uso linguistico, sintomi e inibizioni, ma non attribuiamo molto valore a questa differenza. Se non si presentassero casi di malattia dei quali dobbiamo dire che manifestano solo inibizioni e non sintomi, e se non volessimo sapere quale ne sia la ragione, avremmo un interesse minimo a delimitare i concetti di inibizione e sintomo l'uno nei confronti dell'altro.

I due concetti non sono cresciuti sullo stesso terreno. L'inibizione [*Hemmung*] ha una relazione particolare con la funzione e non significa necessariamente qualcosa di patologico, anche una normale limitazione di una funzione può essere chiamata inibizione. Il sintomo [*Symptom*], al contrario, indica il segno di un processo morboso. Anche un'inibizione dunque può essere un sintomo.

L'uso linguistico procede quindi in tal modo: parla di inibizione in presenza di una semplice riduzione della funzione, e di sintomo laddove si tratti di una modificazione insolita della funzione o di una sua nuova manifestazione. In molti casi sembra ci si affidi all'arbitrio nel porre l'accento sul lato positivo o su quello negativo del processo patologico, nel voler indicare il suo esito come sintomo o come inibizione. Tutto ciò non è affatto interessante e il modo di porre il problema, dal quale siamo partiti, si dimostra poco fecondo.

Poiché dal punto di vista concettuale l'inibizione è così intimamente legata alla funzione, si può pensare di esaminare le diverse funzioni dell'Io nelle forme in cui si manifesta il loro disturbo nelle singole affezioni nevrotiche. Scegliamo per questo studio comparativo: la funzione sessuale, il mangiare, la locomozione e il lavoro professionale.

a) La funzione sessuale è soggetta a una gran varietà di disturbi dei quali la maggior parte manifesta il carattere di semplici inibizioni. Queste vengono classificate come impotenza psichica. Il compiersi della funzione sessuale normale presuppone un decorso molto complicato, e il disturbo può intervenire in ogni suo momento. Nell'uomo le tappe principali dell'inibizione sono: la deviazione della libido all'inizio del processo (mancanza di voglia psichica), il venir meno della preparazione fisica (mancanza d'erezione), l'abbreviazione dell'atto (*ejaculatio praecox*), che può altresì essere descritta come sintomo positivo, l'interruzione dell'atto prima della naturale fine (mancanza di eiaculazione), la mancata realizzazione dell'effetto psichico (la sensazione di piacere dell'orgasmo). Altri disturbi hanno luogo per il collegamento della funzione sessuale a particolari condizioni di natura perversa o feticistica.

Non può sfuggirci ancora a lungo una relazione dell'inibizione con l'angoscia[1] [*Angst*]. Alcune inibizioni sono chiaramente rinunce a funzioni poiché il loro esercizio genererebbe angoscia. Nella donna è frequente un'angoscia diretta della funzione sessuale; l'associamo all'isteria, così come il sintomo di difesa del disgusto il quale, in origine, insorge come reazione successiva all'atto sessuale vissuto passivamente, e in seguito si presenta nell'immaginazione stessa dell'atto. Anche un gran numero di azioni ossessive [*Zwangshandlungen*] si rivelano come misure precauzionali e assicurazioni contro vissuti sessuali e sono dunque di natura fobica.

Così non si va molto oltre nella comprensione. Si nota solo che vengono utilizzati procedimenti molto diversi per disturbare la funzione: 1) il semplice deviare della libido che sembra in primo luogo produrre più facilmente ciò che chiamiamo un'inibizione pura; 2) la cattiva esecuzione della funzione; 3) la sua complicazione a causa di particolari condizioni e la sua modificazione mediante la deviazione verso altri scopi; 4) la sua prevenzione mediante l'adozione di misure di sicurezza; 5) la sua interruzione a causa dello sviluppo dell'angoscia quando non è più evitabile il suo inizio; infine, 6) una reazione tardiva di protesta contro

[1] [In questo saggio Freud usa indifferentemente il termine angoscia (*Angst*) per indicare la paura nei confronti di un oggetto reale determinato e l'angoscia vera e propria, sebbene sottolinei costantemente i due diversi significati. L'unica menzione del termine paura (*Furcht*) è fatta nell'aggiunta B «Integrazione riguardo all'angoscia». Abbiamo dunque tradotto «*Angst*» con «paura» ogni volta che tale termine è riferito a un oggetto ben preciso. Ulteriore distinzione va fatta in relazione al termine *Realangst* da noi tradotto con "angoscia reale", riguardo al quale l'angoscia è sì legata a un pericolo determinato – come nel caso della paura – ma si manifesta con un'intensità eccessiva, con una reazione inadeguata allo scopo].

la funzione, che vuole annullare l'accaduto nel caso in cui la funzione sia stata eseguita.

b) Il disturbo più frequente della funzione nutritiva è l'avversione al mangiare per il ritrarsi [*Abziehung*] della libido. Non sono rari neppure incrementi della voglia di mangiare; una coazione a mangiare, motivata dalla paura di morire di fame, è poco studiata. Conosciamo il sintomo del vomito come rifiuto isterico dal cibo. Il rifiuto di nutrirsi a causa della paura appartiene agli stati psicotici (delirio di essere avvelenati).

c) In alcuni stati nevrotici la locomozione è inibita da un'avversione a camminare e da una debolezza nel camminare; l'impedimento [*Behinderung*] isterico si serve della paralisi dell'apparato motorio o realizza un'eliminazione specifica di una sua singola funzione (abasia). Particolarmente caratteristiche sono le difficoltà locomotorie per il presentarsi di specifiche condizioni in assenza delle quali compare l'angoscia (fobia).

d) L'inibizione al lavoro, che così spesso è oggetto di trattamento come sintomo isolato, ci mostra una diminuzione del piacere, una peggiore esecuzione o fenomeni reattivi come stanchezza (giramenti di testa, vomito), se il proseguimento del lavoro è forzato. L'isteria costringe a fermarsi producendo paralisi di organi o di funzioni, il cui sussistere è incompatibile con l'esecuzione del lavoro. La nevrosi ossessiva disturba il lavoro attraverso continue deviazioni e perdite di tempo per frapposti indugi e ripetizioni.

Potremmo allargare ulteriormente questa visione d'insieme con altre funzioni, ma non dobbiamo aspettarci di saperne di più. Non supereremmo la superficie dei fenomeni. Decidiamoci dunque per un'interpretazione che non lascia più molto di enigmatico al concetto di inibizione. L'inibizione è l'espressione di una *limitazione di una funzione dell'Io* [*Funktionseinschränkung des Ichs*], che può avere essa stessa cause molto diverse. Alcuni meccanismi di questa rinuncia a una funzione e una sua tendenza generale ci sono ben noti.

La tendenza è più facilmente riconoscibile nelle inibizioni specifiche. Quando suonare il piano, scrivere e lo stesso camminare sono soggetti a inibizioni nevrotiche, l'analisi ci mostra la ragione di ciò in un sovraccarico di erotizzazione [*überstarken Erotisierung*] degli organi interessati da tali funzioni, delle dita e dei piedi. In generale siamo giunti alla comprensione che la funzione di un organo dell'Io è danneggiata quando cresce la sua erogeneità, il suo significato sessuale. L'organo si comporta dunque – se si può azzardare il paragone in certo qual modo curioso – come una cuoca che non vuole più lavorare ai fornelli perché il padrone di casa ha allacciato con lei una relazione amorosa. Quando lo scrivere, che consiste nel far scorrere del liquido da una canna sopra un pezzo di carta bianca, ha assunto il significato simbolico del coito, o quando il camminare è diventato il sostituto simbolico del calpestio sul corpo della madre terra, entrambi – scrivere e camminare – sono omessi, poiché altrimenti è come se l'azione sessuale vietata fosse compiuta. L'Io rinuncia a queste funzioni che gli sono proprie per non dover effettuare una nuova rimozione, *per evitare un conflitto con l'Es*.

Altre inibizioni hanno luogo evidentemente al servizio dell'autopunizione, come non di rado quelle relative all'attività professionale. L'Io non deve fare determinate cose perché gli procurerebbero vantaggio e successo, ciò che il severo Super-io ha negato. L'Io dunque rinuncia anche a queste attività *per non trovarsi in conflitto con il Super-io*.

Le più comuni inibizioni dell'Io seguono un altro semplice meccanismo. Se l'Io è impegnato in un compito psichico di particolare difficoltà, come ad esempio un lutto, o una straordinaria repressione d'affetto, o è costretto a contenere fantasie sessuali continuamente crescenti, si impoverisce dell'energia che aveva a disposizione al punto da doverne ridurre il dispendio contemporaneamente in molte parti, come uno speculatore che ha immobilizzato i propri soldi nelle sue imprese. Un esempio istruttivo di una tale intensa inibizione generale di breve durata l'ho potuto osservare in un malato ossessivo che cadeva in una stanchezza paralizzante, di uno o diversi giorni, in occasioni che avrebbero dovuto chiaramente provocare un accesso di collera. Da qui deve essere cercata anche una via per la comprensione dell'inibizione in genere che contraddistingue gli stati depressivi e il più grave di questi, la melanconia [*Melancholie*].

In conclusione si può dire che le inibizioni sono limitazioni di funzioni dell'Io generate o per precauzione, o in conseguenza di impoverimenti di energia. A questo punto è semplice riconoscere in cosa l'inibizione si differenzi dal sintomo. Il sintomo non può più essere descritto come un processo nell'Io o che attiene all'Io.

2.

Da tempo sono stati studiati i tratti fondamentali della formazione di sintomo e sono stati espressi, speriamo, in modo incontestabile. Il sintomo sarebbe segno e sostituto di un soddisfacimento di una pulsione che non ha avuto luogo, un esito del processo di rimozione. La rimozione proviene dall'Io che, eventualmente su ordine del Super-io, non vuole partecipare a un investimento pulsionale prodotto nell'Es. Attraverso la rimozione l'Io ottiene che la rappresentazione, la quale era portatrice dell'impulso spiacevole, sia allontanata dal divenire cosciente. L'analisi dimostra ripetutamente che essa è conservata come formazione inconscia. Fin qui sarebbe chiaro, ma ben presto iniziano le difficoltà irrisolte.

Sinora le nostre descrizioni del processo che riguarda la rimozione hanno sottolineato con forza il risultato dell'esclusione [*Abhaltung*] dalla coscienza, ma in altri punti hanno lasciato dubbi aperti. Sorge la domanda: qual è il destino del moto pulsionale attivato nell'Es che tende al soddisfacimento? La risposta indirettamente era la seguente: attraverso il processo di rimozione il piacere che si attende dal soddisfacimento si trasforma in dispiacere, e dunque ci si trovava di fronte al problema di come il dispiacere possa essere il risultato di un soddisfacimento della pulsione. Speriamo di chiarire lo stato di cose facendo le seguenti precise affermazioni: il previsto decorso dell'eccitamento [*Erregungsablauf*] nell'Es non si compie affatto a causa della rimozione, l'Io riesce a inibirlo o a deviarlo. Dunque viene meno l'enigma della «trasformazione dell'affetto» [*Affektverwandlung*] nella rimozione. In tal modo però abbiamo ammesso che l'Io possa manifestare un'influenza estremamente grande sui processi nell'Es e dobbiamo imparare a capire come gli sia resa possibile questa sorprendente manifestazione di potere.

Credo che tale influenza dell'Io sia dovuta alle sue relazioni intime con il sistema di percezione che costituiscono la sua essenza e sono divenute la ragione della sua differenziazione dall'Es. La funzione di questo sistema, che abbiamo chiamato «percezione-coscienza», è legata al fenomeno della coscienza; esso riceve eccitamenti non solo dall'esterno, ma anche dall'interno, e per mezzo delle sensazioni di piacere e dispiacere che da lì lo raggiungono, l'Io cerca di guidare tutti i decorsi degli accadimenti psichici nel senso del principio di piacere. Ci rappresentiamo così preferibilmente l'Io come impotente nei confronti dell'Es, ma quando esso si oppone a un processo pulsionale nell'Es, ha bisogno solo di dare un *segnale di dispiacere* per raggiungere il suo intento, grazie all'aiuto dell'istanza quasi onnipotente del principio di piacere. Se isoliamo per un attimo questa situazione possiamo illustrarla attraverso un esempio tratto da un altro ambito. In uno Stato una certa cricca si oppone a una norma la cui deliberazione corrisponderebbe alle inclinazioni della massa. Questa minoranza quindi si impadronisce della stampa, grazie ad essa influenza la sovrana "opinione pubblica" e fa sì che la deliberazione programmata non venga adottata.

A quest'unica risposta si riallacciano ulteriori interrogativi. Da dove muove l'energia che è utilizzata per la produzione del segnale di dispiacere? Qui la via ci è indicata dall'idea che la difesa contro un processo sgradito all'interno può aver luogo secondo il modello della difesa contro uno stimolo esterno, che l'Io intraprende la stessa direzione di difesa contro il pericolo interno così come contro quello esterno. In presenza di un pericolo esterno l'organismo intraprende un tentativo di fuga, esso innanzitutto sottrae l'investimento dalla percezione di ciò che è pericoloso; in seguito riconosce come mezzo più efficace quello di eseguire azioni muscolari tali che la percezione del pericolo, seppure non respinta, diventa impossibile. In tal modo l'organismo si sottrae alla zona d'effetto del pericolo. A un tale tentativo di fuga corrisponde la rimozione. L'Io toglie l'investimento (preconscio) dalla rappresentanza pulsionale da rimuovere, e lo utilizza per generare dispiacere (o angoscia). Il problema di come nasca l'angoscia nella rimozione può non essere semplice; si ha comunque il diritto di restare fedeli all'idea che l'Io sia il vero luogo dell'angoscia e di respingere la precedente interpretazione secondo la quale l'energia di investimento dell'impulso rimosso sarebbe trasformata automaticamente in angoscia.

Quando in precedenza mi sono espresso in tal modo avevo dato una descrizione fenomenologica, non una rappresentazione metapsicologica.

Da quanto si è detto deriva il nuovo interrogativo circa il modo in cui sia possibile, dal punto di vista economico, che un semplice processo di ritenzione [*Abziehungsvorgang*] e di scarica, come nel ritiro dell'investimento preconscio dell'Io, possa produrre dispiacere o angoscia che, secondo i nostri presupposti, possono solo essere conseguenza di un investimento accresciuto. A questo interrogativo rispondo che tale processo non deve essere chiarito in senso economico; nella rimozione l'angoscia non è prodotta dal nulla, ma come stato affettivo riprodotto secondo un'immagine mnestica esistente. Con la domanda successiva circa l'origine di tale angoscia – e degli affetti in genere – abbandoniamo però il terreno strettamente psicologico ed entriamo nella zona di confine della fisiologia. Gli stati affettivi sono incorporati nella vita psichica come sedimenti di remote esperienze traumatiche e sono ridestati in situazioni simili come simboli mnestici. Intendo dire che non sbagliavo quando li equiparavo agli attacchi isterici, contratti in seguito e individualmente, e quando li trattavo come i loro modelli normali. Nell'uomo e nelle creature che gli sono affini l'atto della nascita appare come la prima esperienza di angoscia individuale che ha ceduto tratti caratteristici alla manifestazione dell'affetto di angoscia. Non dobbiamo però sopravvalutare questo nesso e, nel riconoscerlo, non dobbiamo tralasciare che un simbolo affettivo è per la situazione di pericolo una necessità biologica e in ogni caso si sarebbe creato. Ritengo anche ingiustificato ammettere che in ogni attacco d'angoscia accada qualcosa nella vita psichica che corrisponde a una riproduzione della situazione della nascita. Non è neppure sicuro se gli attacchi isterici, che sono originariamente tali riproduzioni traumatiche, conservino questo carattere in modo duraturo.

Altrove ho spiegato che la maggior parte delle rimozioni che incontriamo nel lavoro terapeutico sono casi di rimozioni derivate [*Nachdrängen*]. Esse presuppongono precedenti *rimozioni originarie* [*Urverdrängungen*] compiute che esercitano sulla nuova situazione la loro influenza assorbente. Di questi retroscena e stadi preliminari della rimozione si sa ancora troppo poco. Si incorre facilmente nel pericolo di sopravvalutare il ruolo del Super-io nella rimozione. Al momento non si può valutare se la comparsa del Super-io crei la delimitazione tra rimozione originaria e rimozione derivata. I primi e molto intensi attacchi d'angoscia avvengono in ogni caso prima della differenziazione del Super-io. È del tutto plausibile che fattori quantitativi, come la forza eccessiva dell'eccitamento e la rottura dello schermo protettivo contro gli stimoli [*Reizschutz*], siano le cause più prossime delle rimozioni originarie.

La menzione dello schermo protettivo contro gli stimoli è lo spunto per ricordare che le rimozioni si presentano in due diverse situazioni, e precisamente: quando un moto pulsionale spiacevole è risvegliato da una percezione esterna e quando lo stesso emerge all'interno senza una tale provocazione. Torneremo in seguito a parlare di questa diversità. Lo schermo protettivo si ha però solo nei confronti di stimoli esterni, non nei confronti di pretese pulsionali interne.

Finché studiamo il tentativo di fuga dell'Io, rimaniamo lontani dalla formazione di sintomo. Il sintomo nasce dal moto pulsionale ostacolato dalla rimozione. Quando l'Io, ricorrendo al segnale di dispiacere, raggiunge lo scopo di reprimere completamente il moto pulsionale, non veniamo a sapere nulla di come ciò sia accaduto. Impariamo solo dai casi che devono essere ricondotti a rimozioni più o meno mal riuscite.

In generale si può dire che il moto pulsionale, malgrado la rimozione, ha trovato un sostituto, ma un sostituto fortemente atrofizzato, spostato, inibito. Non è più riconoscibile neppure come soddisfacimento. Quando la sostituzione si è realizzata, non vi è alcuna sensazione di piacere, perché questa operazione ha acquisito il carattere della coazione. Ma in tale riduzione del decorso del soddisfacimento verso il sintomo la rimozione mostra il suo potere anche in un altro punto. Laddove è possibile il processo di sostituzione è tenuto lontano dalla scarica mediante la motilità; anche quando questo non riesca, deve esaurirsi nel mutamento del proprio corpo, e non deve estendersi al mondo esterno; gli è vietato di tradursi in azione. Comprendiamo che, nella rimozione, l'Io lavora sotto l'influsso della realtà esterna ed esclude che il processo di sostituzione operato possa avere successo nella realtà stessa.

L'Io domina l'accesso alla coscienza così come il passaggio all'azione nei confronti del mondo esterno. Nella rimozione l'Io esercita il suo potere in entrambe le direzioni, da un lato nei confronti della rappresentanza pulsionale [*Triebrepräsentanz*] [psichica], dall'altro sul moto pulsionale stesso. Qui allora è il momento di domandarsi come tale riconoscimento della potenza dell'Io si incontri con la descrizione che abbiamo tracciato della posizione dello stesso Io nello studio *L'Io e l'Es*. Lì abbiamo descritto la dipendenza dell'Io dall'Es, così come dal Super-io, l'impotenza e la disposizione all'angoscia nei confronti di entrambi smaschera la sua superiorità mantenuta a fatica. Questo giudizio ha trovato da allora una forte risonanza nella letteratura psicoanalitica. Numerose voci sottolineano insistentemente la debolezza dell'Io nei confronti dell'Es, della parte razionale, in noi, nei confronti di quella demoniaca, e si accingono a fare di questa affermazione un pilastro di una *Weltanschauung* psicoanalitica. La visione del funzionamento della rimozione non dovrebbe trattenere proprio gli analisti da tali prese di posizione estreme?

In genere non sono a favore della fabbricazione di *Weltanschauungen*. Queste si lascino ai filosofi che per loro ammissione non trovano realizzabile il corso della vita senza un tale *Baedeker*, che dà informazioni su tutto. Accettiamo umilmente su di noi il disprezzo con il quale i filosofi ci guardano dall'alto dei loro bisogni. Ma poiché neppure noi possiamo negare il nostro orgoglio narcisistico, vogliamo trovare consolazione nella considerazione che tutte queste «guide di vita» invecchiano velocemente, che è proprio il nostro piccolo lavoro, miope e limitato, a rendere necessaria la loro revisione, e che anche i più moderni di questi *Baedeker* sono tentativi di sostituire il vecchio catechismo così comodo e completo. Sappiamo bene quanta poca luce la scienza abbia potuto diffondere finora sugli enigmi di questo mondo. Tutto il chiasso dei filosofi non può cambiare nulla in proposito, solo un paziente proseguimento del lavoro che subordina tutto all'unica pretesa di certezza può lentamente portare un cambiamento. Quando il viandante canta nella notte rinnega la paura, ma non per questo vede più chiaro.

3.

Per tornare al problema dell'Io: l'apparente contraddizione deriva dal fatto che consideriamo le astrazioni troppo rigidamente e scegliamo da un complicato stato di cose unicamente ora una parte, ora l'altra. La separazione dell'Io dall'Es sembra fondata, ci viene imposta da determinati rapporti. Ma, d'altra parte, l'Io è identico all'Es, è solo una parte particolarmente differenziata di esso. Se confrontiamo nel pensiero questa parte con la totalità, o se vi è stato un reale conflitto tra le due parti, ci diventa evidente la debolezza di questo Io. Se invece l'Io resta legato all'Es, indistinguibile da esso, l'Io mostra la sua forza. Simile è il rapporto dell'Io con il Super-io. In molte situazioni essi confluiscono per noi, e di solito possiamo distinguerli solo quando si stabilisce tra loro una tensione, un conflitto. Nel caso della rimozione diventa decisivo il fatto che l'Io è un'organizzazione, mentre l'Es non lo è; l'Io è proprio la parte organizzata dell'Es. Sarebbe del tutto ingiustificato rappresentarsi Io ed Es come se fossero due diversi campi di battaglia, come se l'Io cercasse attraverso la rimozione di sottomettere una parte dell'Es, e dunque la rimanente parte dell'Es andrebbe in aiuto di quella aggredita e misurerebbe la sua forza con quella dell'Io. Ciò può spesso accadere, ma non è certo la situazione che introduce la rimozione; di regola il moto pulsionale che deve essere rimosso rimane isolato. Se l'atto di rimozione ci ha mostrato la forza dell'Io, esso è allo stesso tempo una testimonianza della sua impotenza e della non influenzabilità dei singoli moti pulsionali dell'Es. Infatti il processo che mediante la rimozione è diventato sintomo sopravvive al di fuori dell'organizzazione dell'Io e indipendentemente da esso. E non solo quello, anche tutti i suoi derivati godono dello stesso privilegio, si potrebbe dire del privilegio della extraterritorialità, e laddove essi si associno con parti dell'organizzazione dell'Io ci si domanda se non li attraggano a sé, e se non si diffondano con questo vantaggio a spese dell'Io. Un paragone da lungo tempo a noi familiare considera il sintomo come un corpo estraneo che incessantemente procura manifestazioni di stimolo e reazioni nel tessuto nel quale si è innestato. Sembra proprio che la lotta di difesa contro il moto pulsionale spiacevole termini con la formazione di sintomo. Per quanto ne sappiamo questo è possibile soprattutto nella conversione isterica, ma di regola il processo è un altro. Dopo il primo atto di rimozione segue un lungo e complicato o interminabile strascico; la lotta contro il moto pulsionale trova il suo proseguimento nella lotta contro il sintomo.

Questa secondaria lotta di difesa ci mostra due facce con espressioni contraddittorie. Da un lato, l'Io è costretto dalla sua natura a intraprendere qualcosa che dobbiamo considerare un tentativo di restaurazione o di riconciliazione. L'Io è un'organizzazione, si basa sulla libera circolazione e sulla possibilità di reciproche influenze tra tutti i suoi elementi costitutivi, la sua energia desessualizzata manifesta la propria origine anche nella tendenza a legare e a unire, e questa coazione alla sintesi cresce tanto più, quanto più fortemente si sviluppa l'Io. Diventa quindi comprensibile che l'Io cerchi anche di eliminare l'estraneità e l'isolamento del sintomo, approfittando di tutte le possibilità per legarlo in qualche modo a sé, e tenti di incorporarlo, attraverso tale legame, alla sua organizzazione. Sappiamo che un tale sforzo ha influenza già sull'atto della formazione di sintomo. Un classico esempio in proposito è dato da quei sintomi isterici che ci sono diventati chiari come compromesso tra bisogno di soddisfacimento e bisogno di punizione. Tali sintomi, intesi come soddisfacimento di una richiesta del Super-io, da principio fanno parte dell'Io, mentre d'altra parte significano posizioni del rimosso e punti di irruzione dello stesso nell'organizzazione dell'Io; essi sono per così dire stazioni di confine con occupazione mista [*Grenzstationen mit gemischter Besetzung*]. Meriterebbe un esame accurato conoscere se tutti i sintomi isterici primari siano costruiti in tal modo. In seguito l'Io si comporta come se fosse guidato dalla considerazione: il sintomo c'è e non può essere eliminato; ora ciò significa familiarizzare con questa situazione e trarne il massimo vantaggio possibile. Ha luogo un adattamento alla parte del mondo interno estranea all'Io, che è rappresentata dal sintomo, come quello che normalmente l'Io realizza nei confronti del reale mondo esterno. Non gli mancano per questo occasioni. L'esistenza del sintomo può comportare un certo ostacolo all'azione, per cui si può placare una richiesta del Super-io o si può rifiutare una pretesa del mondo esterno. Così il sintomo lentamente è incaricato di rappresentare interessi importanti, assume valore per l'autoaffermazione, aderisce sempre più intimamente all'Io, gli diventa sempre più indispensabile. Solo in casi molto rari il processo di guarigione con inclusione di un corpo estraneo può riprodurre qualcosa di simile. Si può anche esagerare il significato di questo adattamento secondario al sintomo affermando che l'Io si sarebbe preso il sintomo solo per godere dei suoi vantaggi. Ciò è allora tanto giusto quanto falso, come se si sostenesse la tesi che il ferito di guerra si sia fatto sparare a una gamba per vivere poi, senza lavorare, della sua pensione di invalidità.

Altre configurazioni sintomatiche [*Symptomgestaltungen*], quelle della nevrosi ossessiva e della paranoia, hanno un gran valore per l'Io, non perché gli rechino vantaggi, ma perché gli procurano una soddisfazione narcisistica altrimenti assente. Le formazioni sistematiche [*Systembildungen*] dei nevrotici ossessivi lusingano il loro amor proprio con la finzione che essi siano persone particolarmente pure o coscienziose, migliori di altre; le formazioni deliranti della paranoia schiudono all'acume e alla fantasia di questi malati un campo di attività che non gli può essere sostituito facilmente. Da tutte le menzionate relazioni risulta quello che ci è noto come il *vantaggio* (secondario) *della malattia* [*Krankheitsgewinn*] della nevrosi. Ciò viene in aiuto allo sforzo dell'Io di fare proprio il sintomo e rafforza la fissazione [*Fixierung*] di quest'ultimo. Se tentiamo quindi di dare all'Io un aiuto analitico, nella sua lotta contro il sintomo, troviamo che dal lato delle resistenze agiscono tali legami conciliativi [*versöhnlichen Bindungen*] tra l'Io e il sintomo. Non ci è reso facile scioglierli. I due procedimenti che l'Io utilizza contro il sintomo sono realmente in contraddizione l'uno con l'altro.

L'altro procedimento ha un carattere meno amichevole, esso prosegue nella direzione della rimozione. Ma sembra che non possiamo accusare l'Io di incoerenza. L'Io è pacifico e vorrebbe incorporare il sintomo, accoglierlo in sé. Il disturbo proviene dal sintomo che, come legittimo sostituto e derivato dell'impulso rimosso, continua a giocare il ruolo di quest'ultimo, la cui pretesa di soddisfacimento si rinnova continuamente, e così l'Io è costretto a dare nuovamente il segnale di dispiacere e a opporre resistenza.

La lotta di difesa secondaria contro il sintomo è multiforme, si svolge su diversi scenari e si serve di numerosi mezzi. Non potremo dire molto in proposito se non prendiamo come oggetto dell'analisi i singoli casi di formazione di sintomo. Troveremo occasione così di affrontare il problema dell'angoscia che da tempo sentiamo, come in sottofondo, in agguato. È consigliabile partire dai sintomi creati dalla nevrosi isterica; non siamo ancora preparati ad affrontare i presupposti della formazione di sintomo nella nevrosi ossessiva, nella paranoia e in altre nevrosi.

4.

Il primo caso che esaminiamo è quello di una zoofobia isterica infantile, il caso – certamente tipico in tutti i tratti fondamentali – della fobia dei cavalli del «piccolo Hans»[1]. Già al primo sguardo è possibile capire che le condizioni di un caso reale di malattia nevrotica sono molto più complicate di quanto possiamo aspettarci finché lavoriamo con astrazioni. Comporta un certo lavoro orientarsi su quale sia l'impulso rimosso, quale sia il suo sostituto sintomatico, dove sia individuabile il motivo della rimozione.

Il piccolo Hans si rifiuta di andare per la strada perché ha paura dei cavalli. Questa è la materia prima. Qual è in questo caso il sintomo? Lo sviluppo dell'angoscia, la scelta dell'oggetto dell'angoscia, la rinuncia alla libera mobilità, o più d'una di queste cose allo stesso tempo? Dov'è il soddisfacimento che il piccolo si nega? Perché deve negarselo?

A prima vista sembrerebbe che il caso non sia così enigmatico. L'incomprensibile paura dei cavalli è il sintomo, l'incapacità di andare per la strada è un fenomeno di inibizione, una limitazione che l'Io si impone per non destare il sintomo di angoscia. Ammettiamo senz'altro l'esattezza della spiegazione dell'ultimo punto, e lasciamo fuori quindi dalla seguente discussione tale inibizione. Tuttavia una prima conoscenza superficiale del caso non ci permette di conoscere neppure la vera espressione del presunto sintomo. Come apprendiamo da un esame più preciso non si tratta affatto di un'indeterminata paura dei cavalli, ma di una determinata aspettativa angosciosa: che il cavallo lo morda. Questo contenuto tuttavia cerca di sottrarsi alla coscienza e di sostituirsi con la fobia indeterminata nella quale sono ancora presenti solo la paura e il suo oggetto. È dunque forse questo contenuto il nucleo del sintomo?

[1] Si veda *«Il caso del piccolo Hans». Analisi di una fobia in un bambino di cinque anni* (1908) [in *Opere 1886-1921*, Newton Compton, Roma 2009].

Non procediamo oltre finché non prendiamo in considerazione l'intera situazione psichica del bambino così come ci si è rivelata nel corso del lavoro analitico. Egli si trova nella posizione-edipica [*Ödipus-Einstellung*] gelosa e ostile nei confronti del padre che comunque ama sinceramente, fin tanto che la madre non sia presa in considerazione come causa del loro conflitto. Si tratta dunque di un conflitto di ambivalenza, un amore ben fondato e un odio non meno giustificato, entrambi diretti nei confronti della stessa persona. La sua fobia deve essere un tentativo di risolvere questo conflitto. Tali conflitti di ambivalenza sono molto frequenti, e conosciamo un altro loro esito tipico. In questo uno dei due impulsi che lottano tra loro, di regola quello affettuoso, si rafforza enormemente, l'altro scompare. Solo l'eccesso e l'aspetto coattivo dell'affettuosità ci rivelano che questo atteggiamento non è l'unico presente, che esso sta continuamente in guardia per tenere represso il suo opposto, e ci permettono di costruire uno svolgimento dei fatti che descriviamo come rimozione attraverso una *formazione reattiva* [*Reaktionsbildung*] (nell'Io). Casi come quello del piccolo Hans non mostrano nulla di tali formazioni reattive. Vi sono evidentemente diverse vie che sfociano da un conflitto di ambivalenza.

Abbiamo riconosciuto inoltre con certezza qualcos'altro. Il moto pulsionale che sottende la rimozione è un impulso ostile nei confronti del padre. L'analisi ce ne ha dato la prova quando ha indagato l'origine dell'idea del cavallo che morde. Hans ha visto cadere un cavallo, ha visto cadere e ferirsi un compagno di giochi con il quale aveva giocato «alla cavallina». Questo ci ha permesso di costruire un impulso di desiderio in Hans che così si esprimeva: il padre potrebbe cadere, potrebbe farsi male come il cavallo e come il compagno di giochi. Alcuni riferimenti a una partenza osservata da Hans lasciano supporre che il desiderio di eliminazione del padre abbia trovato un'espressione anche meno titubante. Un tale desiderio è però equivalente all'intenzione di eliminare egli stesso il padre, all'impulso omicida del complesso d'Edipo.

Finora nessuna strada porta da questo moto pulsionale rimosso al suo sostituto, che presumiamo sia la fobia dei cavalli. Semplifichiamo ora la situazione psichica del piccolo Hans, mettendo da parte il fattore infantile e l'ambivalenza: egli sarebbe all'incirca simile a un giovane domestico di una casa, il quale è innamorato della signora e si rallegra di certe attenzioni da parte sua. Resta fermo che egli odia il padrone di casa, che è più forte, e vorrebbe saperlo messo da parte. La conseguenza più naturale di questa situazione è che egli tema la vendetta di questo padrone e che si presenti in lui uno stato di paura nei suoi confronti, del tutto simile alla fobia dei cavalli del piccolo Hans. Ciò significa che non possiamo contrassegnare l'angoscia di questa fobia come un sintomo; se il piccolo Hans, che è innamorato di sua madre, mostrasse paura di suo padre, non avremmo diritto di attribuirgli una nevrosi, una fobia. Ci troveremmo di fronte a una reazione affettiva assolutamente comprensibile. Ciò che la rende una nevrosi è unicamente un altro aspetto: la sostituzione del padre con il cavallo. Tale spostamento [*Verschiebung*] produce ciò che, con diritto, è chiamato sintomo. Si tratta di quell'altro meccanismo che permette la soluzione del conflitto di ambivalenza senza l'aiuto della formazione reattiva. Esso è reso possibile o facilitato dalla circostanza che le tracce innate del modo di pensare totemico sono ancora facilmente rianimabili in questa tenera età. La frattura tra uomo e animale non è ancora riconoscibile, di certo non è così eccessivamente accentuata come in seguito. L'uomo adulto, ammirato, ma anche temuto, si trova ancora sullo stesso piano dell'animale grande che si invidia per molte cose, rispetto al quale però si è stati anche messi in guardia, perché può diventare pericoloso. Il conflitto di ambivalenza non è dunque risolto in relazione alla stessa persona alla quale gli impulsi sono diretti ma è in un certo senso aggirato, sostituendo a uno dei moti un'altra persona come oggetto sostitutivo.

Fin qui è chiaro, tuttavia in un altro punto l'analisi della fobia del piccolo Hans ha portato a una totale delusione. La deformazione, in cui consiste la formazione di sintomo, non è effettuata nei confronti della rappresentanza (il contenuto della rappresentazione) del moto pulsionale da rimuovere, ma riguardo a una rappresentanza molto diversa da quella, che equivale solo a una reazione a ciò che è realmente spiacevole. Le nostre aspettative sarebbero state più facilmente soddisfatte se il piccolo Hans avesse sviluppato, al posto della paura dei cavalli, una tendenza a maltrattarli, a colpirli, o avesse espresso chiaramente il suo desiderio di vederli cadere, di farsi del male, eventualmente morire per convulsioni («fanno chiasso con le zampe»[2]). Qualcosa del genere si presenta anche realmente nel corso della sua analisi, ma non compare a lungo in primo piano nella nevrosi e stranamente, quando egli avesse sviluppato realmente come sintomo principale tale ostilità solo contro i cavalli, invece che rivolta contro il padre, non avremmo ritenuto che egli avesse una nevrosi. Qualcosa dunque qui è sbagliato, o nella nostra interpretazione della rimozione o nella nostra definizione di sintomo. Naturalmente una cosa ci è subito evidente: se il piccolo Hans avesse mostrato realmente un tale comportamento nei confronti dei cavalli, il carattere del moto pulsionale offensivo, aggressivo non sarebbe stato affatto trasformato dalla rimozione, ma solo il suo oggetto.

È del tutto sicuro che vi sono casi di rimozione che non producono più di questo; nella genesi della fobia del piccolo Hans è accaduto però qualcosa in più. Capiamo quanto di più da un'altra parte dell'analisi.

Abbiamo già sentito che il piccolo Hans ha indicato come contenuto della sua fobia l'idea di essere morso da un cavallo. In seguito abbiamo osservato la genesi di un altro caso di zoofobia nel quale il lupo era l'animale oggetto della paura, ma allo stesso tempo aveva il significato di un sostituto del padre[3]. In relazione a un sogno, che l'analisi poté chiarire, si sviluppò in questo bambino la paura di essere mangiato da un lupo come uno dei sette capretti della favola. Il fatto che il padre del piccolo Hans avesse effettivamente giocato con lui «a fare il cavallo» era stato certamente determinante per la scelta dell'animale oggetto della paura. Ugualmente deve essere ritenuto come minimo molto probabile che il padre del russo che ho analizzato quando ormai aveva più di vent'anni, avesse interpretato il lupo giocando con il figlio da piccolo e, scherzando, avesse minacciato di mangiarlo. Da allora avevo trovato un terzo caso di un giovane americano il quale non aveva sviluppato precisamente una zoofobia, ma proprio per questo diverso esito tale caso mi ha aiutato a capire gli altri. Il suo eccitamento sessuale si era infiammato per una storia fantastica di bambini che gli era stata

[2] *Ibid.*
[3] Si veda *«Il caso dell'uomo dei lupi». Dalla storia di una nevrosi infantile* (1914) [in *Opere 1886-1921*, cit.].

letta, in cui un capo arabo dava la caccia a una persona fatta di sostanza commestibile (il *Gingerbreadman* [l'uomo di panforte]) per mangiarselo. Egli si identificava con questa persona commestibile, il capo era facilmente riconoscibile come il sostituto del padre, e questa fantasia divenne la prima base della sua attività autoerotica. La rappresentazione di essere mangiato dal padre è però un tipico patrimonio remoto del bambino; le analogie tratte dalla mitologia (Crono) e dalla vita degli animali sono universalmente note.

Nonostante tali agevolazioni questo contenuto di rappresentazione ci appare così insolito che solo con incredulità possiamo attribuirlo al bambino. Non sappiamo neppure se esso significhi davvero ciò che sembra esprimere, e non capiamo come possa essere oggetto di una fobia. L'esperienza analitica ci dà tuttavia le necessarie informazioni. Essa ci insegna che la rappresentazione di essere mangiato dal padre è l'espressione regredita di un impulso affettuoso passivo che consiste nel desiderare di essere amato dal padre come oggetto nel senso dell'erotismo genitale. Il prosieguo della storia del caso [del paziente russo] non lascia dubbi sull'esattezza di questa spiegazione. A dire il vero l'impulso genitale non tradisce più nulla della sua intenzione affettuosa, quando è espresso nel linguaggio di una fase superata, quella di passaggio dell'organizzazione della libido dallo stadio orale a quello sadico. Si tratta del resto solo di una sostituzione della rappresentanza attraverso un'espressione regressiva o di una reale riduzione regressiva dell'impulso che nell'Es è orientato genitalmente? Ciò non sembra affatto semplice da chiarire.

La storia clinica dell'«uomo dei lupi» russo parla decisamente a favore dell'ultima, più seria possibilità. Egli infatti si comporta, a partire dal sogno decisivo, in modo "cattivo", tormentoso, sadico, e sviluppa presto in proposito una vera nevrosi ossessiva. In ogni caso vediamo che la rimozione non è il solo mezzo a disposizione dell'Io per difendersi da un moto pulsionale spiacevole. Quando l'Io riesce a portare l'impulso alla regressione, in sostanza, lo ha ridotto più energicamente di quanto sarebbe stato possibile per mezzo della rimozione. Talvolta, però, alla regressione ottenuta dapprima con la forza, segue poi la rimozione.

La situazione presente nel caso dell'uomo dei lupi e quella, in parte più semplice, del piccolo Hans inducono ulteriori varie riflessioni, ma già da ora abbiamo due inaspettate scoperte. Senza dubbio, il moto pulsionale rimosso in queste fobie è un moto ostile contro il padre. Si può dire che esso è rimosso attraverso il processo di trasformazione nel suo contrario; al posto dell'aggressione nei confronti del padre compare l'aggressione – la vendetta – del padre contro la propria persona. Poiché una tale aggressione in ogni caso si radica nella fase sadica della libido, ha bisogno ancora solo di una certa regressione [*Erniedrigung*] alla fase orale, che nel caso di Hans è espressa allusivamente nell'essere morsicato, nel russo invece è manifestata brutalmente nell'essere divorato. Ma oltre a ciò l'analisi permette, senza dubbio, di accertare con sicurezza che allo stesso tempo anche un altro moto pulsionale è stato vittima della rimozione, quello diretto in senso contrario, l'impulso affettuoso e passivo verso il padre, che aveva già raggiunto il livello dell'organizzazione libidica genitale (fallica). Quest'ultimo sembra perfino essere l'impulso più significativo per il risultato finale del processo di rimozione; esso subisce la progressiva regressione, mantiene l'influenza determinante sul contenuto della fobia. Laddove dunque siamo andati alla ricerca solo di una rimozione del moto pulsionale dobbiamo riconoscere il concorso di due processi; i due moti pulsionali in questione – aggressione sadica contro il padre e atteggiamento passivo e affettuoso nei suoi confronti – formano una coppia di contrari, ma anche qualcosa di più: se consideriamo correttamente la storia del piccolo Hans, riconosciamo che, nella formazione della sua fobia, anche l'investimento oggettuale della madre è stato eliminato, sebbene il contenuto della fobia non tradisca nulla di ciò. Si tratta nel caso di Hans – nel russo ciò è molto meno chiaro – di un processo di rimozione che riguarda quasi tutti i componenti del complesso d'Edipo, l'impulso ostile e quello affettuoso nei confronti del padre e l'impulso affettuoso verso la madre.

Queste sono complicazioni indesiderate per noi che volevamo studiare solo casi semplici di formazioni di sintomo in conseguenza della rimozione e ci eravamo rivolti con questa intenzione alle prime, e apparentemente più trasparenti, nevrosi dell'infanzia. Invece di un'unica rimozione, ne abbiamo trovate un ammasso, e inoltre ci siamo trovati ad avere a che fare con la regressione [*Regression*]. Forse abbiamo aumentato la confusione poiché volevamo esaminare insieme le due analisi disponibili di zoofobia, quella del piccolo Hans e quella dell'uomo dei lupi. Ora ci sono evidenti alcune differenze tra le due. Solo del piccolo Hans si può affermare con certezza che egli risolve mediante la fobia entrambi gli impulsi principali del complesso d'Edipo, quello aggressivo contro il padre e quello iperaffettuoso nei confronti della madre. Di certo è presente anche l'impulso amoroso nei confronti del padre e gioca il suo ruolo nella rimozione del moto opposto, ma non è dimostrabile né che sia stato abbastanza forte da provocare una rimozione, né che sia stato eliminato in seguito. Hans sembra essere stato un bambino normale con un cosiddetto complesso d'Edipo "positivo". È possibile che anche i momenti mancanti siano stati compresenti in lui, ma non li possiamo indicare. Il materiale stesso delle nostre analisi più approfondite è, del resto, piuttosto lacunoso e la nostra documentazione è incompleta. Nel caso del russo il difetto si trova altrove; la sua relazione con l'oggetto femminile è stata disturbata da una seduzione prematura, si è sviluppato fortemente in lui il lato femminile passivo e l'analisi del sogno dei lupi rivela poco dell'aggressività intenzionale contro il padre e produce perciò la prova inequivocabile che la rimozione riguarda un atteggiamento affettuoso passivo nei confronti del padre. Anche qui possono aver partecipato altri fattori, ma non si sono fatti avanti. Se nonostante questa differenza tra i due casi, che li pone quasi in antitesi, l'esito finale della fobia è pressoché lo stesso, la spiegazione deve venire da un'altra parte e, precisamente, dal secondo risultato della nostra piccola ricerca comparativa. In entrambi i casi crediamo di conoscere il motore della rimozione e vediamo confermato il suo ruolo dallo svolgimento dello sviluppo dei due bambini. Il motore della rimozione è in entrambi i casi l'angoscia di una castrazione minacciata. Per angoscia di castrazione il piccolo Hans rinuncia all'aggressività nei confronti del padre. La sua paura che il cavallo lo morda può facilmente essere compresa come paura che il cavallo gli stacchi con un morso i genitali, lo castri.

Ma anche il piccolo russo rinuncia, per angoscia di castrazione, al desiderio di essere amato dal padre come oggetto sessuale: ha capito infatti che una tale relazione avrebbe come presupposto che egli sacrificasse il suo genitale, ciò che lo differenzia da una donna. Entrambe le organizzazioni del complesso d'Edipo, quella normale, attiva, e quella invertita, naufragano a causa del complesso di castrazione. L'idea angosciosa del russo di essere divorato dal lupo non contiene – è vero – alcun accenno di castrazione, si è allontanata troppo dalla fase fallica attraverso la regressione orale, ma l'analisi del suo sogno rende qualsiasi altra prova superflua. È anche un trionfo totale della rimozione il fatto che nella forma della fobia nulla più alluda alla castrazione.

Qui si trova ora il risultato inaspettato: in entrambi i casi il motore della rimozione è l'angoscia di castrazione; i contenuti della paura di essere morso dal cavallo e di essere divorato dal lupo sono sostituti deformati del contenuto, che è di essere castrato dal padre. È questo il contenuto che effettivamente la rimozione ha provato su di sé. Nel caso del russo esso era espressione di un desiderio che non poteva sfuggire alla rivolta della mascolinità, nel caso di Hans era espressione di una reazione che aveva trasformato l'aggressività nel suo contrario. Ma l'affetto angoscioso della fobia che ne costituisce l'essenza non deriva dal processo di rimozione, né dagli investimenti libidici dei moti rimossi, ma dal rimovente stesso [*aus dem Verdrängend selbst*]. L'angoscia nella zoofobia è angoscia di castrazione non trasformata, dunque un'angoscia reale, paura di un pericolo realmente minaccioso o giudicato tale. Qui è l'angoscia a operare la rimozione e non è – come prima avevo ritenuto – la rimozione a creare l'angoscia.

Non è piacevole pensare – ma non serve a nulla negarlo – che ho sostenuto spesso la tesi che la rappresentanza pulsionale sia deformata, spostata ecc. per mezzo della rimozione e che invece la libido del moto pulsionale si trasformi in angoscia. L'analisi delle fobie, alla quale in particolare si dovrebbe ricorrere per dimostrare questa affermazione, non la conferma, anzi sembra addirittura contraddirla. L'angoscia delle zoofobie è angoscia di castrazione da parte dell'Io, l'angoscia dell'agorafobia, studiata meno approfonditamente, sembra essere angoscia di tentazioni sessuali, che deve essere collegata geneticamente all'angoscia di castrazione. La maggior parte delle fobie risale, per quanto sappiamo oggi, a una tale angoscia dell'Io nei confronti delle pretese della libido. Qui è sempre presente l'atteggiamento angoscioso dell'Io, l'elemento primario e la forza motrice della rimozione. L'angoscia non proviene mai dalla libido rimossa. Se in precedenza mi fossi limitato a dire che dopo la rimozione appare una certa quantità di angoscia al posto della prevista manifestazione della libido, oggi non avrei nulla da ritrattare. La descrizione è giusta, e tra la forza dell'impulso da rimuovere e l'intensità dell'angoscia che ne risulta sussiste invero la corrispondenza affermata. Ma confesso che credevo di fornire più di una semplice descrizione, e ritenevo di aver riconosciuto il processo metapsicologico di una trasposizione diretta della libido in angoscia; oggi questo non posso più affermarlo. Neppure in precedenza ero in grado di indicare come una tale trasformazione potesse compiersi.

Da dove, in generale, traevo l'idea di questa trasposizione? Dallo studio delle nevrosi attuali [*Aktualneurosen*], al tempo in cui eravamo ancora molto lontani dal distinguere tra processi nell'Io e processi nell'Es. Scoprii allora che determinate pratiche sessuali come il *coitus interruptus*, l'eccitamento frustraneo, l'astinenza forzata, generavano attacchi d'angoscia e una generale disposizione all'angoscia, dunque accadeva sempre quando l'eccitamento sessuale, nel suo decorso verso il soddisfacimento, era frenato, arrestato o deviato. Poiché l'eccitamento sessuale è l'espressione di moti pulsionali libidici, non sembrava azzardato ritenere che la libido si trasformasse in angoscia per effetto di tali disturbi. Ora questa osservazione è tutt'oggi ancora valida; d'altra parte non si può negare che la libido dei processi dell'Es subisca un disturbo dall'impulso della rimozione; può essere dunque ancora giusto affermare che nella rimozione si formi angoscia dall'investimento libidico dei moti pulsionali. Ma come si può mettere insieme questo risultato con l'altro, secondo il quale l'angoscia delle fobie è un'angoscia dell'Io, che si forma nell'Io, che non proviene dalla rimozione, ma provoca la rimozione? Ciò sembra una contraddizione, e neppure semplice da risolvere. La riduzione a un'unica fonte di entrambe le origini dell'angoscia non si impone con facilità. Si può tentare di supporre che l'Io nella situazione del coito disturbato, dell'eccitamento interrotto, dell'astinenza, avverta pericoli ai quali reagisce con angoscia, ma ciò non serve a nulla. D'altra parte l'analisi delle fobie che abbiamo effettuato non sembra ammettere correzioni. *Non liquet!*

5.

Volevamo studiare la formazione di sintomo e la lotta secondaria dell'Io contro il sintomo, ma evidentemente, scegliendo le fobie, non abbiamo avuto la mano felice. L'angoscia che predomina nel quadro di queste affezioni ci appare ora come una complicazione che copre lo stato delle cose. Ci sono numerose nevrosi nelle quali non appare nulla dell'angoscia. L'isteria di conversione [*Konversionhysterie*] vera e propria è di questo tipo, e i suoi sintomi più gravi non sono mescolati con l'angoscia. Già questo fatto dovrebbe metterci in guardia dallo stabilire relazioni troppo strette tra angoscia e formazione di sintomo. Tuttavia le fobie sono così vicine alle isterie di conversione che mi sono ritenuto autorizzato a catalogarle come "isterie d'angoscia". Ma nessuno ha saputo ancora indicare la condizione per cui un caso assume la forma di un'isteria di conversione o di una fobia, nessuno dunque ha esaminato a fondo la condizione dello sviluppo dell'angoscia nell'isteria.

I sintomi più frequenti dell'isteria di conversione, una paralisi motoria, una contrattura o un'azione involontaria o una scarica, un dolore [fisico], un'allucinazione, sono o processi di investimento fissati in modo permanente, o processi di investimento intermittenti, cosa che genera nuove difficoltà per la spiegazione. In realtà non sappiamo dire molto su questi sintomi. Attraverso l'analisi si può venire a conoscenza di quale decorso di eccitamento disturbato tali sintomi sostituiscano. Per lo più risulta che essi stessi partecipano a tale decorso, come se si fosse concentrata la loro intera energia su quest'unica parte. Il dolore [fisico] era presente nella situazione in cui si era verificata la rimozione; l'allucinazione era allora percezione, la paralisi motoria è la difesa contro un'azione che in quella situazione si sarebbe dovuta compiere, ma era stata inibita; la contrattura normalmente è uno spostamento di un'innervazione muscolare verso un punto diverso da quello a cui era mirata, l'attacco di crampo è espressione di uno sfogo affettivo che si è sottratto al normale controllo dell'Io. La sensazione di dispiacere che accompagna la comparsa dei sintomi varia in misura molto vistosa. Nei sintomi permanenti, spostati sulla motilità, come paralisi e contratture, essa il più delle volte manca del tutto, e l'Io si comporta contro tali sintomi come estraneo; nei sintomi intermittenti e in quelli della sfera sensoriale, di regola, si rintracciano chiare sensazioni di dispiacere che nel caso del sintomo di dolore [fisico] possono crescere in modo eccessivo. È molto difficile individuare in questa molteplicità il fattore che rende possibili tali differenze e che permette di chiarirle in maniera unitaria. Nell'isteria di conversione c'è poco da osservare anche della lotta dell'Io contro il sintomo, una volta che si è formato. Solo quando la sensibilità al dolore di una parte del corpo è diventata sintomo, questa è posta nella condizione di svolgere un doppio ruolo. Il sintomo del dolore compare allo stesso modo sicuramente sia quando tale parte è toccata dall'esterno, sia quando la situazione patogena, rappresentata da tale parte, è attivata associativamente dall'interno, e l'Io prende precauzioni per fermare il risvegliarsi del sintomo da una percezione esterna. Non sappiamo a cosa sia dovuta la particolare impenetrabilità della formazione sintomatica nell'isteria di conversione, ma questo ci dà un motivo per abbandonare subito tale terreno sterile.

Ci rivolgiamo alla nevrosi ossessiva con la speranza di conoscere qualcosa in più della formazione di sintomo. I sintomi della nevrosi ossessiva sono in genere di due tipi e di tendenze opposte. Sono divieti, precauzioni, penitenze, sintomi dunque di natura negativa, o al contrario, soddisfacimenti sostitutivi, molto spesso travestiti simbolicamente. Di questi due gruppi, quello negativo, difensivo, punitivo, è il più antico; con il perdurare della malattia però hanno il sopravvento i soddisfacimenti che si prendono gioco di tutte le difese. È un trionfo della formazione sintomatica quando riesce ad amalgamare il divieto con il soddisfacimento, cosicché l'originario comando o divieto difensivo ottiene anche il significato di un soddisfacimento, cosa che spesso avviene ricorrendo a vie di collegamento molto artificiose. Questa attività manifesta quella tendenza alla sintesi che abbiamo già indicato come propria dell'Io. In casi estremi il malato riesce a far sì che la maggior parte dei suoi sintomi abbia acquisito accanto al significato originario anche quello del diretto opposto. È questa una prova del potere dell'ambivalenza che, non sappiamo perché, gioca un ruolo così importante nella nevrosi ossessiva. Nel caso più elementare il sintomo è bifasico, ovvero all'azione che esegue un certo ordine segue immediatamente una seconda che la toglie o l'annulla, quando non arriva a compiere l'opposto.

Da questa veloce panoramica sul sintomo ossessivo emergono immediatamente due impressioni. La prima è che qui è condotta una lotta continua contro il rimosso, che si rivolge sempre più a scapito delle forze di rimozione, e la seconda è che l'Io e il Super-io partecipano qui in modo particolarmente significativo alla formazione di sintomo.

La nevrosi ossessiva è certo l'oggetto più interessante e fruttifero della ricerca analitica, ma è ancora un problema irrisolto. Se vogliamo penetrare più in profondità nella sua essenza, dobbiamo ammettere che non possiamo evitare supposizioni insicure e ipotesi indimostrate. La situazione di partenza della nevrosi ossessiva non è altro che quella dell'isteria, la difesa necessaria delle pretese libidiche del complesso d'Edipo. Sembra anche che in ogni nevrosi ossessiva si trovi un substrato di sintomo isterico formatosi molto precocemente. Ma qui la formazione sintomatica seguente muta in modo decisivo per un fattore costituzionale. L'organizzazione genitale della libido si rivela debole e troppo poco resistente. Quando l'Io inizia a difendersi ottiene come primo risultato che l'organizzazione genitale (della fase fallica) sia ricacciata, del tutto o in parte, allo stadio sadico-anale anteriore. Questo fatto della regressione resta determinante per tutto ciò che segue.

Si può prendere in considerazione anche un'altra possibilità. Forse la regressione non è la conseguenza di un fattore costituzionale, ma di un fattore temporale. Essa si realizza non perché l'organizzazione genitale della libido è troppo debole, ma perché l'opposizione dell'Io ha inizio troppo presto già durante la fase sadica. Neppure su questo punto oso prendere una posizione decisa, ma l'osservazione analitica non favorisce tale opinione. Essa mostra piuttosto che nel momento di svolta verso la nevrosi ossessiva lo stadio fallico è già raggiunto. Anche l'età in cui insorge questa nevrosi è più tarda rispetto a quella dell'isteria (il secondo periodo dell'infanzia, dopo l'inizio del periodo di latenza), e in un caso di sviluppo molto tardivo di tale affezione – che ho avuto modo di studiare – risultò chiaro che un reale annullamento della vita genitale, fino a quel momento intatta, creò la condizione per la regressione e per la formazione della nevrosi ossessiva[1].

Cerco la spiegazione metapsicologica della regressione in una "scomposizione pulsionale" [*Triebentmischung*] nell'isolamento delle componenti erotiche che, con l'inizio della fase genitale, si erano presentate agli investimenti distruttivi della fase sadica.

Aver ottenuto la regressione significa il primo successo dell'Io nella lotta di difesa contro la pretesa della libido. Distinguiamo qui opportunamente la tendenza generale della "difesa" [*Abwehr*] dalla "rimozione" [*Verdrängung*], che è solo uno dei meccanismi di cui la difesa si serve. Forse, ancor più chiaramente che nei casi normali e nei casi isterici, nella nevrosi ossessiva si riconosce il complesso di castrazione come il motore della difesa e le tendenze del complesso d'Edipo come ciò che è respinto. Ci troviamo ora all'inizio dello stadio di latenza che è contraddistinto dal tramonto del complesso d'Edipo, dalla formazione o dal consolidamento del Super-io e dall'innalzamento nell'Io di barriere etiche ed estetiche. Nella nevrosi ossessiva, questi processi superano la misura normale; alla distruzione del complesso d'Edipo si aggiunge la regressiva riduzione della libido, il Super-io diventa particolarmente severo e senza amore, l'Io sviluppa, ubbidendo al Super-io, grandi formazioni reattive di coscienziosità, pietà, pulizia. Con severità spietata, per quanto non sempre con successo, viene vietato il tentativo di prosecuzione dell'onanismo infantile, il quale si appoggia ora a rappresentazioni regressive (sadico-anali), pur costituendo la parte indomita dell'organizzazione fallica. Vi è un'interna contraddizione nel fatto che proprio nell'interesse di conservare la virilità (angoscia di castrazione), ogni attività di tale virilità è impedita, ma anche tale contraddizione è eccessiva solo nella nevrosi ossessiva, essa corrisponde già al modo normale di eliminare il complesso d'Edipo. Che ogni eccesso porti in sé il germe della

[1] Si veda *La disposizione alla nevrosi ossessiva* (1919) [in *Opere 1886-1921*, Newton Compton, Roma 2009].

sua autodistruzione, né è prova anche la nevrosi ossessiva, dove proprio l'onanismo represso riesce ad avvicinarsi sempre più al soddisfacimento nella forma delle azioni ossessive.

Come nuovo meccanismo di difesa, accanto alla regressione e alla rimozione possiamo collocare le formazioni reattive nell'Io del nevrotico ossessivo che riconosciamo quali esagerazioni della normale formazione del carattere. Esse sembrano mancare od essere molto più deboli nell'isteria. Retrospettivamente otteniamo così un'ipotesi per contraddistinguere il processo di difesa dell'isteria. Sembra che esso si limiti alla rimozione, in quanto l'Io volta le spalle al moto pulsionale spiacevole, lo abbandona al decorso nell'inconscio e non prende più parte al suo destino. Ma il processo non può essere esclusivamente questo, poiché conosciamo il caso in cui il sintomo isterico significa allo stesso tempo la soddisfazione di una richiesta di punizione del Super-io, anche se ciò può essere considerato un carattere generale del comportamento dell'Io nell'isteria.

O ammettiamo semplicemente, come dato di fatto, che nella nevrosi ossessiva si formi un Super-io così severo, o pensiamo che il tratto fondamentale di questa affezione sia la regressione della libido cercando di collegare ad essa anche il carattere del Super-io. In effetti il Super-io, che deriva dall'Es, non può certo sottrarsi alla regressione e alla scomposizione pulsionale che lì sopraggiungono. Non ci si dovrebbe sorprendere dunque se, da parte sua, il Super-io diventasse più duro, torturante, senza amore, che nello sviluppo normale.

Durante il periodo di latenza, la difesa contro la tentazione dell'onanismo sembra essere il compito principale. Questa lotta produce una serie di sintomi che nelle persone più diverse ritornano in modo tipico e in genere rivestono il carattere del cerimoniale. Purtroppo questi sintomi non sono stati ancora riuniti e analizzati sistematicamente; come primordiali prodotti della nevrosi essi farebbero luce nel modo migliore sul meccanismo della formazione di sintomo, qui utilizzato. Tali sintomi mostrano già i tratti che, in un successivo aggravarsi della malattia, diventeranno fatalmente manifesti: il loro collocarsi in esecuzioni che in seguito devono essere compiute in modo automatico, come l'andare a dormire, il lavarsi e il vestirsi, la locomozione, la tendenza alla ripetizione e alla perdita di tempo. Non è ancora in alcun modo comprensibile perché ciò accada. La sublimazione di componenti erotico-anali gioca un chiaro ruolo in proposito.

La pubertà costituisce un momento decisivo nello sviluppo della nevrosi ossessiva. L'organizzazione genitale, interrotta nell'infanzia, ora si inserisce nuovamente con gran forza. Sappiamo però che lo sviluppo sessuale dell'infanzia traccia la direzione anche del nuovo inizio dell'età della pubertà. Da un lato, dunque, sono risvegliati gli impulsi aggressivi del primo periodo, dall'altro una parte più o meno grande dei nuovi moti libidici – nei casi gravi la totalità di essi – intraprendono le vie segnate dalla regressione e compaiono come propositi aggressivi e distruttivi. In conseguenza di questo mascheramento delle spinte erotiche e delle forti formazioni reattive nell'Io, la lotta contro la sessualità è proseguita ora sotto bandiere etiche. L'Io sorpreso si ribella a pretese crudeli e brutali che l'Es gli invia nella coscienza, e non sospetta di combattere così desideri erotici tra i quali vi sono anche alcuni che non avrebbero incontrato la sua opposizione. Il Super-io, estremamente severo, si impone in modo tanto più energico nella repressione della sessualità poiché questa ha assunto forme ripugnanti. In tal modo nella nevrosi ossessiva il conflitto si manifesta inasprito in due direzioni: da una parte la forza difensiva è più intransigente, dall'altra la forza che deve essere respinta è diventata più insopportabile; entrambe le direzioni sono dovute all'influenza dell'unico fattore, la regressione della libido.

Una contraddizione rispetto ad alcune delle nostre ipotesi potrebbe essere trovata nel fatto che la rappresentazione ossessiva spiacevole, in genere, è cosciente, sebbene non vi sia dubbio che in precedenza abbia attraversato il processo della rimozione. Nella maggior parte dei casi il vero tenore del moto pulsionale aggressivo non è affatto conosciuto dall'Io. È compito di una buona parte del lavoro analitico renderlo cosciente. Ciò che penetra nella coscienza è di regola solo un sostituto che o è deformato da un'indeterminatezza confusa e irreale, o è reso irriconoscibile da un travestimento assurdo. Sebbene la rimozione non abbia intaccato il contenuto del moto pulsionale aggressivo, di certo ha eliminato il carattere affettivo che l'accompagna. Così l'aggressione non sembra all'Io un moto istintivo, ma – come dicono i malati – un semplice «contenuto di pensiero», che dovrebbe lasciare indifferenti. La cosa più singolare è che non è così.

L'affetto risparmiato nella percezione della rappresentazione ossessiva compare infatti in un altro luogo. Il Super-io si comporta come se non fosse avvenuta alcuna rimozione, come se l'impulso aggressivo gli fosse noto nel suo vero tenore e nel suo pieno carattere affettivo, e tratta l'Io sulla base di questo presupposto. L'Io, che da un lato si sa innocente, dall'altro deve provare un senso di colpa e reggere una responsabilità che non sa spiegarsi. L'enigma che ci si presenta, in tal modo, non è però così grande come sembra a prima vista. Il comportamento del Super-io è assolutamente comprensibile, la contraddizione nell'Io ci dimostra solo che esso si è chiuso nei confronti dell'Es per mezzo della rimozione, mentre è rimasto completamente accessibile alle influenze provenienti dal Super-io[2]. La domanda successiva, perché l'Io non cerchi di sottrarsi anche alla critica penosa del Super-io, trova risposta nel fatto che ciò accade realmente così in una lunga serie di casi. Vi sono anche nevrosi ossessive del tutto prive di sensi di colpa coscienti; per quanto ne sappiamo, in questi casi l'Io ha evitato la percezione dei sensi di colpa mediante una serie di sintomi, atti di penitenza, limitazioni per l'autopunizione. Tali sintomi significano però, al tempo stesso, soddisfacimenti di moti pulsionali masochistici che, allo stesso modo, sono stati rafforzati dalla regressione.

La molteplicità delle manifestazioni della nevrosi ossessiva è tale che per quanto ci si possa sforzare non è possibile dare una sintesi coerente di tutte le sue variazioni. Ci impegniamo a mettere in risalto rapporti tipici, ma sempre con la preoccupazione di tralasciare altre regolarità non meno importanti.

Ho già descritto la tendenza generale della formazione sintomatica nella nevrosi ossessiva. Essa procede creando sempre più spazio al soddisfacimento sostitutivo a spese della frustrazione. Gli stessi sintomi, che originariamente significavano limitazioni dell'Io, acquistano in seguito, grazie alla tendenza dell'Io alla sintesi, anche il significato di soddisfacimenti, ed è evidente che quest'ultimo significato diventa gradualmente il più rilevante. Un Io estremamente limitato e costretto a trovare i suoi soddisfacimenti nei sintomi è il risultato di questo processo

[2] Cfr. T. Reik, *Geständniszwang und Strafbedürfnis*, Leipzig, Wien 1925, p. 51.

che si avvicina sempre più al completo fallimento dell'iniziale tentativo di difesa. Lo spostamento dei rapporti di forze a favore del soddisfacimento può condurre all'esito finale temuto della paralisi della volontà dell'Io, che per ogni decisione trova impulsi similmente forti dall'una e dall'altra parte. Il conflitto acutissimo tra Es e Super-io che fin dall'inizio domina la malattia può diffondersi al punto che nessuna azione dell'Io – incapace di mediazione – può non esserne coinvolta.

6.

Nel corso di queste lotte si possono osservare due attività dell'Io formatrici di sintomi le quali rivestono un particolare interesse poiché sono evidenti surrogati della rimozione e perciò possono ben spiegare la sua tendenza e la sua tecnica. Forse possiamo anche interpretare il manifestarsi di queste tecniche ausiliarie e di sostituzione come una prova del fatto che la realizzazione della rimozione vera e propria incontra difficoltà. Se consideriamo che nella nevrosi ossessiva, più che nell'isteria, l'Io è teatro della formazione di sintomo, che quest'Io si tiene tenacemente stretto alla sua relazione con la realtà e con la coscienza, e impiega per questo tutti i suoi mezzi intellettuali, che l'attività del pensiero appare sovrainvestita ed erotizzata, ci avviciniamo forse maggiormente a tali variazioni della rimozione.

Le due tecniche tratteggiate sono l'*annullamento retroattivo* [*das Ungeschehenmachen*] e *l'isolare* [*das Isolieren*]. La prima ha un vasto campo d'applicazione può risalire molto indietro nel tempo. È, per così dire, magia negativa che, attraverso il simbolismo motorio, vuole "soffiar via" non le conseguenze di un evento (impressioni, esperienze), ma l'evento stesso. Con la scelta dell'espressione "soffiar via" si fa riferimento al ruolo che questa tecnica svolge non solo nella nevrosi, ma anche nelle azioni magiche, negli usi popolari e nel cerimoniale religioso. Nella nevrosi ossessiva si incontra l'annullamento retroattivo innanzitutto nei sintomi bifasici, dove la seconda azione annulla la prima, come se niente fosse accaduto, laddove in realtà entrambe le azioni hanno avuto luogo. Il cerimoniale nevrotico ossessivo ha nell'intenzione dell'annullamento retroattivo la sua seconda radice. La prima è la prevenzione, la prudenza affinché qualcosa di determinato non accada, non si ripeta. La differenza è semplice da capire: le misure precauzionali sono razionali, le "cancellazioni" [*Aufhebungen*] mediante l'annullamento retroattivo sono di natura irrazionale, magica. Naturalmente si deve presumere che questa seconda radice, discendente dall'atteggiamento animistico nei confronti del mondo, sia la più antica. La tendenza all'annullamento retroattivo trova la sua sfumatura verso la normalità nella decisione di trattare un evento come *non arrivé*, in tal caso però non si fa nulla per impedirlo, non ci si occupa né dell'evento, né delle sue conseguenze, laddove nella nevrosi il passato stesso deve essere annullato e si cerca di rimuoverlo in senso motorio. La stessa tendenza può spiegare anche la *coazione a ripetere* [*Zwang zur Wiederholung*] così spesso presente nella nevrosi, nella cui esecuzione quindi si ritrovano insieme varie intenzioni. Ciò che non è accaduto nel modo in cui sarebbe dovuto accadere, secondo quanto si desiderava, è reso, attraverso la ripetizione in altro modo, non accaduto, per cui ora si presentano tutti i motivi per indugiare in queste ripetizioni. Nell'ulteriore decorso della nevrosi la tendenza a rendere come non avvenuto un evento traumatico, si rivela spesso uno dei principali motivi di formazione di sintomo. Prendiamo così visione inaspettatamente di una nuova tecnica motoria di difesa [*Abwehr*] o, come possiamo dire con meno imprecisione, di rimozione [*Verdrängung*].

L'altra tecnica che deve essere nuovamente descritta è *l'isolare* che è tipica della nevrosi ossessiva. Anch'essa si riferisce alla sfera motoria e consiste nel fatto che dopo un evento spiacevole, così come dopo una propria attività significativa per la nevrosi, viene introdotta una pausa nella quale non può accadere più nulla, non si può percepire nulla, qualsiasi azione è interdetta. Tale comportamento, a prima vista singolare, tradisce presto la sua relazione con la rimozione. Sappiamo che nell'isteria è possibile far cadere nell'amnesia un'impressione traumatica; nella nevrosi ossessiva ciò spesso non riesce, l'evento non è dimenticato, ma è spogliato della sua affettività, e le relazioni associative all'evento sono represse o interrotte, cosicché esso si trova come isolato e non è riprodotto neppure nel corso dell'attività di pensiero. L'effetto di questo isolamento è dunque uguale a quello ottenuto nella rimozione con l'amnesia. Questa tecnica è riprodotta dunque negli isolamenti della nevrosi ossessiva, dove però è anche rafforzata a livello motorio con un intento magico. Ciò che in tal modo viene tenuto separato è proprio quello che è unito nell'associazione; l'isolamento motorio deve garantire l'interruzione dell'associazione del pensiero. Un pretesto per questo procedimento della nevrosi è dato dal normale processo di concentrazione. Ciò che ci appare significativo come impressione, come compito, non deve essere disturbato dalle esigenze contemporanee di altri processi del pensiero o di altre attività. Ma già normalmente la concentrazione è usata per tenere lontano non solo ciò che è insignificante, che non attiene a quello su cui ci si concentra, ma soprattutto ciò che gli si oppone in modo inopportuno. Viene avvertito come di massimo disturbo quello che originariamente era unito insieme e che è stato separato nel corso del processo di sviluppo, ad esempio le manifestazioni di ambivalenza del complesso paterno in relazione a Dio, o gli impulsi degli organi di escrezione negli eccitamenti erotici. Quindi l'Io normalmente deve fare un grande lavoro di isolamento per dirigere il corso del pensiero, e sappiamo che nella pratica della tecnica analitica dobbiamo educare l'Io a rinunciare temporaneamente a questa funzione altrimenti assolutamente giustificata.

Tutti abbiamo fatto l'esperienza di come sia particolarmente difficile per il nevrotico ossessivo seguire la regola psicoanalitica fondamentale. Probabilmente in conseguenza della forte tensione conflittuale tra il Super-io e l'Es, il suo Io è più vigile e i suoi isolamenti sono acuiti. Durante l'attività del pensiero l'Io ha troppo da cui difendersi: l'interferenza di fantasie inconsce, il manifestarsi di tendenze ambivalenti. Non può permettersi di lasciarsi andare, deve essere sempre pronto a lottare. L'Io sostiene dunque tale coazione alla concentrazione e all'isolamento mediante azioni magiche di isolamento che come sintomi sono così singolari e in pratica così significativi, mentre di per sé naturalmente sono inutili e rivestono il carattere del cerimoniale.

Ma mentre cerca di evitare associazioni, collegamenti nei pensieri, l'Io osserva uno dei più antichi e fondamentali comandi della nevrosi ossessiva, il tabù del *contatto*. Quando ci si chiede perché l'evitare di toccare, il contatto, il contagio svolga un ruolo così importante nella nevrosi e sia reso il contenuto di sistemi così complicati, la risposta va trovata nel fatto che il toccare, il contatto corporeo è la meta più diretta dell'investimento oggettuale, sia esso aggressivo o amoroso. L'Eros vuole il contatto, tende infatti all'unione, all'annullamento dei confini spaziali tra l'Io e l'oggetto amato. Ma anche la distruzione che, prima dell'invenzione delle armi a lunga gittata poteva avvenire solo da vicino, deve presupporre il contatto corporeo, il mettere mano. Toccare una donna è diventato nell'uso linguistico un eufemismo per intendere il suo uso come oggetto sessuale. Non toccare il membro è l'espressione del divieto di soddisfacimento autoerotico. Poiché la nevrosi ossessiva ha perseguito in un primo tempo il contatto erotico, in seguito, dopo la regressione, quello stesso contatto mascherato da aggressione, nulla è vietato con tale intensità, nulla è più idoneo a diventare il centro di un sistema di divieti. L'isolamento è però annullamento della possibilità di contatto, mezzo per sottrarre una cosa a un qualunque contatto, e quando il nevrotico isola con una pausa un'impressione o un'attività, ci fa capire simbolicamente che non vuole che quei pensieri entrino in contatto associativo con altri.

Fin qui giungono i nostri studi sulla formazione del sintomo. Non è neppure il caso di riassumerli, hanno dato pochi risultati e sono rimasti incompleti, hanno aggiunto anche poco rispetto a ciò che era già conosciuto. Non sarebbe utile prendere in considerazione la formazione di sintomo nelle affezioni diverse dalle fobie, dall'isteria di conversione e dalla nevrosi ossessiva; si sa così poco in proposito. Ma anche solo dall'accostamento di queste tre nevrosi emerge un problema importante e non più rinviabile. Per tutte e tre l'esito è la distruzione del complesso d'Edipo, in tutte – supponiamo – l'angoscia di castrazione è il motore dell'opposizione dell'Io. Solo nelle fobie però l'angoscia compare, diventa esplicita. Cosa ne è stato dell'angoscia nelle altre due forme di nevrosi? Come ha potuto l'Io risparmiarsi tale angoscia? Il problema si complica ulteriormente se pensiamo alla possibilità prima menzionata che l'angoscia proviene, attraverso una specie di fermentazione, dallo stesso investimento libidico disturbato nel suo decorso. E inoltre: è certo che l'angoscia di castrazione sia l'unico motore della rimozione (o della difesa)? Se si pensa alla nevrosi delle donne, se ne deve dubitare, poiché sebbene nelle stesse sia constatabile con sicurezza il complesso di castrazione, non si può parlare di una vera e propria paura della castrazione in una castrazione che si è già compiuta.

7.

Torniamo alle zoofobie infantili poiché comprendiamo questi casi meglio di tutti gli altri. Qui l'Io deve intervenire contro un investimento libidico oggettuale dell'Es (quello del complesso d'Edipo positivo o negativo) poiché ha capito che cedergli comporterebbe il pericolo della castrazione. Ne abbiamo già parlato e abbiamo modo ora di chiarire un dubbio che ci è rimasto da quella prima discussione. Nel caso del piccolo Hans (nel caso dunque del complesso d'Edipo positivo) dobbiamo ritenere che sia l'impulso affettuoso nei confronti della madre o quello aggressivo contro il padre a provocare la difesa dell'Io? Dal punto di vista pratico ciò sembrerebbe indifferente, soprattutto perché i due moti si condizionano l'un l'altro, ma a tale domanda è legato un interesse teoretico poiché solo la tendenza amorosa verso la madre può valere come impulso puramente erotico. L'impulso aggressivo è dipendente essenzialmente dalla pulsione distruttiva e abbiamo sempre pensato che nella nevrosi l'Io si difenda contro le istanze della libido, non contro quelle delle altre pulsioni. Di fatto vediamo che, dopo la formazione della fobia, il legame affettuoso con la madre è come scomparso, è stato eliminato completamente mediante la rimozione, la formazione di sintomo (sostitutiva) si è realizzata invece nei confronti dell'impulso aggressivo. Ciò si presenta più chiaramente nel caso dell'uomo dei lupi: il moto rimosso è realmente un impulso erotico, l'atteggiamento femminile nei confronti del padre, ed è in relazione a tale impulso che si realizza anche la formazione di sintomo.

È quasi vergognoso che dopo un così lungo lavoro troviamo ancora difficoltà nella comprensione dei rapporti fondamentali, ma ci siamo proposti di non semplificare nulla, né di nascondere nulla. Se non possiamo veder chiaro, vogliamo come minimo capire esattamente quali sono le cose oscure. Ciò che qui troviamo sulla nostra strada è evidentemente un ostacolo nello sviluppo della teoria delle pulsioni. Inizialmente avevamo seguito le organizzazioni della libido a partire dalla fase orale, attraverso la fase sadico-anale, fino a quella genitale, e nel far questo avevamo equiparato le une con le altre tutte le componenti della pulsione sessuale. In seguito, il sadismo ci è apparso come il rappresentante di un'altra pulsione, opposta all'Eros. La nuova interpretazione dei due gruppi di pulsioni sembra far saltare la precedente costruzione di successive fasi di organizzazione della libido. Ma non abbiamo bisogno di scoprire l'informazione utile per uscire da tale difficoltà. Essa ci è nota da tempo e dice che non abbiamo quasi mai a che fare con moti pulsionali puri, ma sempre con leghe delle due pulsioni in differenti rapporti di quantità. L'investimento oggettuale sadico dunque ha diritto di essere trattato anche come un investimento libidico, le organizzazioni della libido non devono essere rivedute, l'impulso aggressivo contro il padre può divenire oggetto di rimozione proprio come l'impulso affettuoso nei confronti della madre. In ogni caso mettiamo da parte, come materiale per successive riflessioni, la possibilità che la rimozione sia un processo che ha una particolare relazione con l'organizzazione genitale della libido e che l'Io ricorra ad altri metodi di difesa quando deve reprimere la libido ad altri livelli di organizzazione. Proseguendo: un caso come quello del piccolo Hans non ci dà scelta, qui viene eliminato un impulso aggressivo per mezzo della rimozione, ma dopo che l'organizzazione genitale è già stata raggiunta.

Questa volta non vogliamo distogliere l'attenzione dalla relazione con l'angoscia. Abbiamo detto che l'Io, non appena ha riconosciuto il pericolo di castrazione, dà il segnale d'angoscia e inibisce, per mezzo dell'istanza di piacere-dispiacere, in un modo non meglio comprensibile, il processo minaccioso di investimento nell'Es. Contemporaneamente si verifica la formazione della fobia. L'angoscia di castrazione riceve un altro oggetto e un'espressione alterata: essere morso dal cavallo (o essere divorato dal lupo), invece di essere castrato dal padre. La formazione sostitutiva ha due vantaggi evidenti: il primo è di evitare un conflitto d'ambivalenza poiché il padre è allo stesso tempo un oggetto amato, il secondo è di permettere all'Io di interrompere [*einstellen*] lo sviluppo dell'angoscia. Quella della fobia è infatti un'angoscia facoltativa, compare solo quando il suo contenuto è oggetto della percezione. Ciò è del tutto corretto, solo allora infatti si presenta la situazione di pericolo. Neppure da un padre assente si deve temere la castrazione. Ma non ci si può sbarazzare del padre, egli si mostra sempre, quando vuole. Se invece è sostituito dall'animale, è sufficiente allontanarlo dalla vista, ovvero evitare la presenza dell'animale, per essere libero dal pericolo e dall'angoscia. Il piccolo Hans impone dunque al suo Io una limitazione, produce l'inibizione di non uscire per non incontrare i cavalli. Il piccolo russo lo fa in modo ancora più semplice, non è quasi una rinuncia la sua, quella di non prendere più in mano un certo libro illustrato. Se non fosse per la sorella cattiva che continua a mettergli davanti agli occhi l'immagine del lupo che sta dritto sulle zampe posteriori in quel libro, egli si potrebbe sentire rassicurato dalla sua angoscia.

Una volta, in precedenza, ho attribuito alla fobia il carattere di una proiezione in quanto sostituisce un pericolo interno di una pulsione con una percezione esterna di pericolo. Ciò comporta il vantaggio che ci si può difendere dal pericolo esterno fuggendo ed evitando la percezione, mentre contro il pericolo interno non c'è possibilità di fuga. La mia osservazione non era sbagliata, ma rimaneva in superficie. La pretesa della pulsione non è di per sé un pericolo, ma lo è solo in quanto comporta un vero pericolo esterno, quello della castrazione. Così nella fobia, in fondo, è solo sostituito un pericolo esterno a un altro. Il fatto che nella fobia l'Io possa sottrarsi all'angoscia, evitandola o ricorrendo a un sintomo di inibizione, concorda molto bene con l'interpretazione che questa angoscia sia solo un segnale affettivo e nulla sia mutato nella situazione economica.

L'angoscia nelle zoofobie è dunque una reazione affettiva dell'Io al pericolo; il pericolo che qui è segnalato è quello di castrazione. Non vi è alcuna differenza rispetto all'angoscia reale che l'Io manifesta normalmente in situazioni di pericolo, se non per il fatto che il contenuto dell'angoscia rimane inconscio ed è cosciente solo in una forma alterata.

La stessa interpretazione si rivelerà valida – credo – anche per le fobie degli adulti, sebbene il materiale che la nevrosi utilizza è qui molto più vario e altri fattori si aggiungono alla formazione di sintomo. In fondo è la stessa cosa. L'agorafobico impone al suo Io una limitazione per sfuggire al pericolo di una pulsione. Il pericolo della pulsione è la tentazione di cedere ai suoi desideri erotici, per cui egli nuovamente, come nell'infanzia, dovrebbe scongiurare il pericolo di castrazione, o un altro pericolo ad esso analogo. Come esempio semplice cito il caso di un giovane che divenne agorafobico poiché temeva di cedere all'adescamento di prostitute e di contrarre, per punizione, la sifilide.

So bene che molti casi mostrano una struttura più complessa e che molti altri moti pulsionali rimossi possono sfociare nella fobia, ma questi sono solo impulsi ausiliari che si sono collegati con il nucleo della nevrosi per lo più successivamente. La sintomatologia dell'agorafobia è complicata dal fatto che l'Io non si limita a rinunciare a qualcosa, ma fa anche qualcosa in più per eliminare il pericolo dalla situazione. Questo qualcosa in più è solitamente una regressione temporale all'infanzia (in casi estremi fino al grembo materno, in tempi nei quali si era protetti contro i pericoli minacciosi di oggi) e si presenta come la condizione per la quale la rinuncia può non aver luogo. Così l'agorafobico può uscire per la strada se, come un bambino piccolo, è accompagnato da una persona di sua fiducia. La stessa attenzione gli permette di uscire anche da solo se egli non si allontana dalla sua casa oltre un determinato tratto, se non va in zone che non conosce bene o dove la gente non lo conosce. Nella scelta di queste regole si manifesta l'influsso di fattori infantili che lo dominano per mezzo della sua nevrosi. Del tutto evidente, anche senza far ricorso a tale regressione infantile, è la fobia dello star soli, che in fondo vuole evitare la tentazione dell'onanismo solitario. La condizione di questa regressione infantile è naturalmente la distanza temporale dall'infanzia.

La fobia si produce di regola dopo che in certe circostanze – per la strada, in treno, da soli – si è vissuto un primo attacco d'angoscia. Da allora l'angoscia è bandita, ma insorge di nuovo quando la condizione protettiva non può essere osservata. Il meccanismo della fobia è molto utile come mezzo di difesa e mostra una forte tendenza alla stabilità. Sopraggiunge spesso, ma non necessariamente, un proseguimento della lotta di difesa, che si rivolge ora contro il sintomo.

Ciò che abbiamo compreso dell'angoscia nelle fobie rimane utilizzabile anche per la nevrosi ossessiva. Non è difficile ridurre la situazione della nevrosi ossessiva a quella della fobia. Il motore di tutte le successive formazioni sintomatiche è qui chiaramente l'angoscia dell'Io davanti al suo Super-io. L'ostilità del Super-io è la situazione di pericolo a cui l'Io deve sottrarsi. Qui manca qualsiasi parvenza di una proiezione, il pericolo è completamente interiorizzato. Ma se ci domandiamo cosa l'Io tema da parte del Super-io, si impone l'idea che la punizione del Super-io sia un proseguimento di quella della castrazione. Come il Super-io è il padre divenuto impersonale, così l'angoscia di castrazione che il padre minacciava si è trasformata in un'indistinta angoscia sociale o morale. Ma tale angoscia è nascosta, l'Io vi si sottrae eseguendo con ubbidienza ordini, regole, punizioni che gli sono imposti. Quando ciò gli è impedito, compare subito un malessere estremamente penoso nel quale possiamo scorgere l'equivalente dell'angoscia, e che gli stessi malati equiparano all'angoscia. La nostra conclusione è dunque la seguente: l'angoscia è la reazione alla situazione di pericolo, quando l'Io fa qualcosa per evitare la situazione o per sottrarsi ad essa, l'angoscia gli viene risparmiata. Si potrebbe quindi dire che i sintomi sono creati per evitare lo sviluppo dell'angoscia, ma ciò non ci permette di approfondire la questione. È più giusto dire che i sintomi sono creati per evitare la *situazione di pericolo* che è segnalata dallo sviluppo dell'angoscia. Nei casi fin qui trattati però tale pericolo era la castrazione o qualcosa che da essa derivava.

Se l'angoscia è la reazione dell'Io al pericolo, è ovvio considerare la nevrosi traumatica – la quale così spesso è collegata a un pericolo di morte che è stato scongiurato – come una conseguenza indiretta dell'angoscia di vita o di morte, mettendo da parte le condizioni di dipendenza dell'Io e la castrazione. Questo è ciò che ha fatto anche la maggior parte degli studiosi delle nevrosi traumatiche dell'ultima guerra, ed è stato annunciato trionfalmente che si era dimostrato che una minaccia della pulsione di autoconservazione possa produrre una nevrosi senza alcuna partecipazione della sessualità e senza riferimento alle complicate tesi della psicoanalisi. Di fatto è particolarmente spiacevole che non sia disponibile neppure un'analisi di una nevrosi traumatica.

E ciò non perché una tale analisi contraddirebbe l'importanza eziologica della sessualità; tale contraddizione infatti è stata da tempo superata con l'introduzione del concetto di narcisismo, il quale porta l'investimento libidico dell'Io sullo stesso piano degli investimenti oggettuali e accentua la natura libidica della pulsione di autoconservazione, ma poiché a causa della mancanza di queste analisi abbiamo perso la più preziosa occasione di giungere a chiarimenti decisivi sul rapporto tra angoscia e formazione di sintomo. Dopo tutto quello che sappiamo della struttura delle semplici nevrosi della vita quotidiana, è molto improbabile che una nevrosi possa presentarsi solo a causa del fatto obiettivo della minaccia di un pericolo, senza partecipazione alcuna degli strati inconsci più profondi dell'apparato psichico. Ma nell'inconscio non è presente nulla che possa dare contenuto al nostro concetto di annientamento della vita. La castrazione è rappresentabile per così dire mediante l'esperienza quotidiana della separazione dal contenuto intestinale e mediante la perdita del seno materno vissuta nello svezzamento; non è stato invece mai provato qualcosa di simile alla morte o, come nello svenimento, non ha lasciato tracce dimostrabili. Mi attengo perciò all'ipotesi che l'angoscia di morte debba interpretarsi come analoga all'angoscia di castrazione e che la situazione a cui l'Io reagisce è l'essere abbandonato dal Super-io protettore – dalle forze del destino –, laddove trova fine la sicurezza contro tutti i pericoli. Inoltre va considerato che negli eventi che portano alla nevrosi traumatica, lo schermo di protezione esterno contro lo stimolo [*äußerer Reizschutz*] è rotto ed enormi quantità di eccitamento raggiungono l'apparato psichico. Così qui si presenta la seconda possibilità, ovvero che l'angoscia non sia solo segnalata come affetto, ma sia anche prodotta *ex novo* dalle condizioni economiche della situazione.

Con l'ultima osservazione – che l'Io sia stato preparato alla castrazione da perdite dell'oggetto ripetute regolarmente – siamo giunti a una nuova interpretazione dell'angoscia. Se finora l'abbiamo considerata come segnale affettivo del pericolo, ci appare ora, poiché si tratta così spesso del pericolo di castrazione, come la reazione a una perdita, a una separazione. Seppure possono muoversi immediatamente varie obiezioni contro questa conclusione, tuttavia deve colpirci una conformità molto singolare. La prima esperienza angosciosa è – almeno per l'uomo – la nascita, e questo significa obiettivamente la separazione dalla madre. La nascita dunque potrebbe essere paragonata a una castrazione della madre (secondo l'equivalenza bambino = pene). Ora sarebbe molto soddisfacente se l'angoscia, come simbolo di una separazione, si ripetesse in ogni successiva separazione, ma purtroppo è di ostacolo all'utilizzo di tale conformità il fatto che la nascita non è vissuta soggettivamente come separazione dalla madre, poiché questa, come oggetto, è del tutto sconosciuta al feto che è assolutamente narcisistico. Un'altra considerazione da fare è che conosciamo le reazioni affettive a una separazione e le percepiamo come dolore e lutto, non come angoscia. Ricordiamo però che anche nella discussione del lutto non abbiamo potuto capire perché sia così doloroso.

8.

È tempo di riflettere. È evidente che cerchiamo un criterio che ci chiarisca l'essenza dell'angoscia, secondo un aut-aut che separi la verità dall'errore. Ma ciò è difficile da ottenere, l'angoscia non è facilmente comprensibile. Finora non siamo giunti che a contraddizioni tra le quali non era possibile compiere alcuna scelta priva di pregiudizio. Propongo quindi di fare diversamente. Vogliamo raccogliere in modo imparziale tutto ciò che possiamo dire dell'angoscia, rinunciando a giungere a una nuova sintesi.

L'angoscia è dunque innanzitutto qualcosa che si prova. La chiamiamo uno stato affettivo [*Affektzustand*], sebbene non sappiamo neppure cosa sia un affetto. Come sensazione ha molto chiaramente un carattere spiacevole, ma questo non esaurisce le sue qualità; non possiamo chiamare angoscia ogni dispiacere. Ci sono altre sensazioni di carattere spiacevole (tensioni, dolore [fisico], lutto), e l'angoscia deve avere altre peculiarità al di là di questa qualità di essere spiacevole. Una domanda: riusciremo a capire le differenze tra questi diversi affetti di perdita?

Dalla sensazione d'angoscia possiamo pur sempre trarre qualcosa. Il suo carattere spiacevole sembra avere una peculiarità difficile da provare, ma verosimile: è privo di alcunché di appariscente. Ma al di là di tale carattere particolare difficilmente isolabile, percepiamo nell'angoscia precise sensazioni corporee che riferiamo a determinati organi. Poiché non ci interessiamo qui della fisiologia dell'angoscia, ci è sufficiente mettere in risalto singoli rappresentanti di queste sensazioni, e dunque le sensazioni più frequenti e più chiare che si riferiscono agli organi respiratori e al cuore. Queste sono per noi prove del fatto che le innervazioni motorie, quindi i processi di scarica, prendono interamente parte all'angoscia. L'analisi dello stato d'angoscia mostra dunque: 1) uno specifico carattere spiacevole; 2) azioni di scarica; 3) percezioni delle stesse.

I punti 2 e 3 ci dimostrano già una differenza rispetto agli stati simili, ad esempio rispetto al lutto e al dolore [fisico]. A questi non appartengono le manifestazioni motorie, laddove si presentano, non si manifestano come parti costitutive dell'intero, ma come conseguenze di quello stato o reazioni ad esso. L'angoscia è dunque un particolare stato spiacevole con azioni di scarica in determinate direzioni. Secondo le nostre idee siamo portati a ritenere che alla base dell'angoscia vi sia un incremento dell'eccitamento. Da un lato tale incremento produce il carattere spiacevole, dall'altro l'angoscia è alleggerita dalle scariche sopra menzionate. Questa sintesi puramente fisiologica non è però sufficiente. Siamo tentati di ammettere che vi sia un fattore storico che lega saldamente tra loro le sensazioni e le innervazioni dell'angoscia. In altre parole, che lo stato d'angoscia sia la riproduzione di un'esperienza che contiene le condizioni di un tale incremento di stimoli e della scarica in determinate direzioni, e che da ciò il dispiacere dell'angoscia riceva il suo carattere specifico. Esperienza esemplare di tale situazione per l'essere umano è la nascita, e perciò siamo inclini a vedere nello stato d'angoscia una riproduzione del trauma della nascita.

Con ciò non intendiamo dire che all'angoscia spetti una posizione di eccezione tra gli stati affettivi. Riteniamo che anche gli altri affetti siano riproduzioni di eventi più antichi, di importanza vitale, forse preindividuali, e tali affetti li paragoniamo, come attacchi isterici generali, tipici, innati, agli attacchi della nevrosi isterica, acquisiti tardi e individualmente, la cui genesi e il cui significato quali simboli mnestici ci è stato chiarito attraverso l'analisi. Naturalmente sarebbe particolarmente auspicabile poter dimostrare tale interpretazione per una serie di altri affetti, ma da questo siamo oggi molto lontani.

La tesi di ricondurre l'angoscia all'evento della nascita deve essere difesa da palesi obiezioni. L'angoscia è una reazione presente probabilmente in tutti gli organismi, in ogni caso in tutti gli organismi superiori, la nascita è vissuta solo dai mammiferi, ed è dubbio se per tutti i mammiferi abbia il significato di un trauma. Può dunque esservi angoscia senza il modello della nascita. Ma tale obiezione si pone al di là dei confini tra biologia e psicologia.

Proprio perché l'angoscia, come reazione allo stato di pericolo, deve adempiere a una funzione biologica indispensabile, può essere stata organizzata in diversi modi nei differenti organismi. Non sappiamo neppure se negli esseri viventi lontani dall'essere umano essa abbia lo stesso contenuto di sensazioni e innervazioni che ha nell'uomo. Questo non impedisce dunque che nell'uomo l'angoscia prenda come modello il processo della nascita.

Se questa è la struttura e l'origine dell'angoscia, si pone la seguente domanda: qual è la sua funzione? In quali circostanze si riproduce? La risposta sembra essere evidente e necessaria. L'angoscia nacque come reazione a uno stato di *pericolo*, ed è regolarmente riprodotta quando si ripropone un tale stato.

In proposito però si deve osservare qualcosa. Le innervazioni dell'originario stato d'angoscia erano probabilmente anche sensate e adatte [*zweckmäßig*], proprio come le azioni muscolari del primo attacco isterico. Se si vuole chiarire l'attacco isterico, occorre solo cercare la situazione nella quale i movimenti interessati erano parti di un'azione giustificata. Così probabilmente durante la nascita la direzione delle innervazioni sugli organi respiratori ha preparato l'attività dei polmoni, l'accelerazione del battito cardiaco si è attivata contro l'avvelenamento del sangue. Tale corrispondenza allo scopo [*Zweckmäßigkeit*] si perde naturalmente nelle successive riproduzioni dello stato d'angoscia come affetto, così come manca nella ripetizione dell'attacco isterico. Quando dunque l'individuo si trova in una nuova situazione di pericolo, può diventare facilmente inadeguato [*unzweckmäßig*] per lui rispondere con lo stato d'angoscia, ovvero con la reazione a un pericolo più antico, invece di trovare la reazione adeguata al momento. La corrispondenza allo scopo si manifesta però nuovamente quando la situazione di pericolo è riconosciuta come imminente ed è segnalata dall'attacco d'angoscia. L'angoscia quindi può essere subito eliminata con misure più idonee. Si presentano dunque immediatamente due possibili modi di presentarsi dell'angoscia: il primo, inadeguato [*unzweckmäßige*], in una nuova situazione di pericolo, l'altro, adeguato [*zweckmäßige*] a segnalare e prevenire una tale situazione.

Ma cos'è un «pericolo»? Nell'atto della nascita vi è un pericolo oggettivo di sopravvivenza, sappiamo cosa ciò significhi in realtà. Ma dal punto di vista psicologico questo non ci dice proprio nulla. Il pericolo della nascita non ha ancora un contenuto psichico. Sicuramente non possiamo supporre nulla nel feto che assomigli in qualche modo a una specie di conoscenza della possibilità di un esito letale. Il feto non può notare altro che un enorme turbamento nell'economia della sua libido narcisistica. Grandi quantità di eccitamento premono su di lui, creano nuove specie di sensazioni spiacevoli, alcuni organi ottengono investimenti più elevati. Ciò è come il preludio dell'investimento oggettuale che presto inizierà. Cosa di tutto ciò verrà utilizzato come segno di riconoscimento di una «situazione di pericolo»?

Purtroppo sappiamo troppo poco dello stato psichico del neonato per rispondere direttamente a questa domanda. Non posso neppure garantire l'utilità della descrizione ora fornita. È semplice dire che il neonato ripeterà l'affetto dell'angoscia in tutte le situazioni che gli ricorderanno l'evento della nascita. Ma il punto decisivo resta in che modo e cosa si ricorda.

Non ci resta forse altro da fare che studiare le occasioni nelle quali il lattante, o il bambino poco più grande, si mostra pronto a sviluppare l'angoscia. Nel suo libro *Das Trauma der Geburt*[1], Rank ha tentato con forza di dimostrare le relazioni tra le prime fobie del bambino e l'impressione dell'evento della nascita, ma non posso ritenere che ci sia riuscito. Gli si possono rimproverare due cose: la prima è che egli si basa sul presupposto che il bambino abbia ricevuto alla nascita determinate impressioni sensoriali, in particolare di natura visiva, il cui rinnovarsi può provocare il ricordo del trauma della nascita e con ciò la reazione d'angoscia. Questa ipotesi è del tutto indimostrata e molto improbabile. Non è credibile che il bambino abbia conservato dal processo della nascita altre sensazioni, oltre a quelle tattili e a quelle comuni. Quando in seguito dunque manifesta angoscia in presenza di piccoli animali che scompaiono in buchi o ne escono, Rank spiega questa reazione come la percezione di un'analogia di cui il bambino però non può accorgersi. In secondo luogo, il fatto che Rank nella valutazione di queste successive situazioni d'angoscia faccia agire, all'occorrenza, ora il ricordo della felice esistenza intrauterina, ora il ricordo del turbamento traumatico, apre la porta all'arbitrio nella spiegazione.

[1] Otto Rank, *Das Trauma del Geburt und seine Bedeutung für die Psychoanalyse*, Internationale Psychoanalytische Bibliothek XIV, 1924 [*Il trauma della nascita. Sua importanza per la psicoanalisi*, SugarCo, Milano 1990].

Singoli casi di questa angoscia del bambino si oppongono direttamente all'uso del principio di Rank. Quando il bambino è lasciato solo al buio, dovremmo aspettarci che accolga con soddisfazione questa riproduzione della situazione intrauterina, e se il fatto che poi il bambino reagisca immediatamente con angoscia viene ricondotto al ricordo del turbamento di questa serenità con la nascita, non si può non riconoscere ancora a lungo la forzatura di tale tentativo di spiegazione.

Devo giungere alla conclusione che le prime fobie infantili non possono essere ricondotte direttamente all'impressione dell'atto della nascita e finora in genere non hanno trovato una spiegazione.

Una certa disposizione all'angoscia del lattante è innegabile. Non è qualcosa che si manifesta con intensità massima immediatamente dopo la nascita, per poi diminuire lentamente, ma compare solo con il progresso dello sviluppo psichico e dura per un certo periodo dell'infanzia. Quando tali prime fobie si protraggono oltre questo periodo destano il sospetto di un disturbo nevrotico, sebbene non ci sia affatto chiara la loro relazione con le nevrosi manifeste di un periodo successivo dell'infanzia.

Solo pochi casi di manifestazioni infantili d'angoscia sono per noi comprensibili, e a questi ci dobbiamo attenere. Così quando il bambino è solo, o al buio, o quando trova una persona estranea al posto di quella di cui si fida (la madre). Questi tre casi si riducono a un'unica condizione, la mancanza [*Vermissen*] della persona amata (desiderata). Da qui in poi però si apre la via per la comprensione dell'angoscia e per il superamento delle contraddizioni che sembrano ad essa collegate.

L'immagine mnestica [*Erinnerungsbild*] della persona ardentemente desiderata è di certo investita intensamente, presumibilmente da principio in modo allucinatorio. Ma ciò non ha successo e sembra quindi che questa nostalgia si rovesci nell'angoscia. Si ha addirittura l'impressione che tale angoscia sia espressione di perplessità, come se questo organismo non ancora molto sviluppato non sappia far altro di questo investimento in nostalgia. L'angoscia appare così come reazione alla mancanza dell'oggetto [*Vermissen des Objeckts*]; ciò mette in evidenza per noi l'analogia con l'angoscia di castrazione che ha come contenuto la separazione da un oggetto molto stimato e con l'angoscia originaria (*l'angoscia primaria* della nascita) che avvenne con la separazione dalla madre.

La seguente riflessione oltrepassa questa accentuazione della perdita d'oggetto [*Objecktverlust*]. Quando il lattante vuole percepire la madre è solo perché sa già, per esperienza, che la madre soddisfa tutti i suoi bisogni senza indugio. La situazione che egli avverte come «pericolo», nei cui confronti vuole essere rassicurato, è dunque quella del mancato soddisfacimento, della *crescita della tensione del bisogno*, di fronte alla quale è impotente. Da questo punto di vista, secondo il mio parere, tutto si dispone in modo ordinato: la situazione d'insoddisfazione in cui l'entità degli stimoli raggiunge un livello di dispiacere, senza poter essere impiegata in un utilizzo e in una scarica psichica, deve essere analoga per il lattante all'esperienza della nascita, deve essere la ripetizione della situazione di pericolo. Ciò che hanno in comune le due situazioni è il disturbo economico da parte dell'aumento della quantità di stimoli che chiedono di essere liquidati, questo fattore è dunque il vero nucleo del «pericolo». In entrambi i casi si presenta la reazione d'angoscia, che nel neonato si dimostra ancora adatta allo scopo in quanto la direzione della scarica sulla muscolatura del respiro e della voce richiama ora la madre, così come in precedenza aveva stimolato l'attività dei polmoni per la rimozione degli stimoli interni. Il bambino non ha bisogno di conservare della sua nascita altro che questa caratterizzazione del pericolo.

Con l'esperienza che un oggetto esterno percepibile può porre fine a una situazione pericolosa che ricorda la nascita, il contenuto del pericolo si sposta ora dalla situazione economica alla sua condizione, la perdita dell'oggetto [*Objektverlust*]. L'assenza [*Vermissen*] della madre diventa ora il pericolo, al cui presentarsi il lattante dà il segnale d'angoscia, ancor prima che si verifichi la situazione economica temuta. Questa trasformazione significa un primo grande progresso nella cura dell'autoconservazione e al tempo stesso racchiude il passaggio dalla ripetizione [*Neuentstehung*] involontaria e automatica dell'angoscia alla sua riproduzione [*Reproduktion*] volontaria come segnale di pericolo.

In entrambi gli aspetti, sia come fenomeno automatico, sia come segnale di salvezza, l'angoscia si manifesta come prodotto dell'impotenza psichica del lattante, la quale è il naturale corrispondente della sua impotenza biologica. L'evidente coincidenza secondo cui l'angoscia della nascita quanto quella del lattante riconoscono la condizione della separazione dalla madre, non necessita di alcuna spiegazione psicologica. Dal punto di vista biologico si chiarisce abbastanza semplicemente per il fatto che la madre, che all'inizio aveva soddisfatto tutti i bisogni del feto mediante gli apparati del suo corpo, prosegue in parte la stessa funzione con altri mezzi anche dopo la nascita. La vita intrauterina e la prima infanzia costituiscono molto più un *continuum* di quanto non ci faccia credere l'evidente cesura dell'atto della nascita. L'oggetto materno psichico [*psychische Mutterobjekt*] sostituisce per il bambino la situazione fetale biologica. Non dobbiamo per questo dimenticare che nella vita intrauterina la madre non era un oggetto e che allora non esisteva alcun oggetto.

È semplice vedere che in questo contesto non c'è spazio per un'abreazione [*Abreagieren*] del trauma della nascita e che non si può trovare altra funzione per l'angoscia se non quella di essere un segnale per evitare la situazione di pericolo. La condizione della perdita d'oggetto nell'angoscia ci fa in buona parte proseguire oltre. Anche la successiva trasformazione dell'angoscia, l'angoscia di castrazione che si presenta nella fase fallica, è un'angoscia di separazione [*Trennungsangst*] ed è legata alla stessa condizione. Il pericolo è qui la separazione dal genitale.

Un ragionamento pienamente giustificato di Ferenczi ci permette di riconoscere chiaramente qui la linea di collegamento con il precedente contenuto della situazione di pericolo. L'alta valutazione narcisistica del pene può sicuramente riferirsi al fatto che il possesso di questo organo racchiude la garanzia di un ricongiungimento con la madre (con il sostituto della madre) nell'atto del coito. La privazione di questo membro equivale in un certo senso a una nuova separazione dalla madre, e significa dunque essere di nuovo impotente in balia di una spiacevole tensione di bisogni (come alla nascita). Il bisogno di cui si teme l'incremento è però ora un bisogno specifico, quello della libido genitale, non è più un bisogno indifferenziato come nella fase neonatale. Aggiungo qui che la fantasia del ritorno nel ventre materno è il sostituto del coito nell'impotente (inibito dalla minaccia di castrazione). Nel senso di Ferenczi si può dire che l'individuo, che voleva farsi rappresentare dal suo organo genitale per ritornare nel ventre materno, sostituisce ora regressivamente quest'organo con la sua intera persona.

I progressi nell'evoluzione del bambino, lo sviluppo della sua indipendenza, la più spiccata differenziazione del suo apparato psichico in diverse istanze, la comparsa di nuovi bisogni non possono non influire sul contenuto della situazione di pericolo. Abbiamo seguito la sua trasformazione dalla perdita dell'oggetto materno alla castrazione e vediamo il passo successivo causato dalla potenza del Super-io. Divenendo impersonale l'istanza dei genitori da cui si è temuta la castrazione, il pericolo diventa più indeterminato. L'angoscia di castrazione si evolve in angoscia della coscienza morale [*Gewissensangst*], in angoscia sociale. Non è più ora così facile indicare cosa l'angoscia tema. La formula «separazione, esclusione dall'orda» riguarda solo quella parte tardiva del Super-io che si è sviluppata in base ai modelli sociali, non il nucleo del Super-io, che corrisponde all'istanza introiettata dei genitori.

Detto in modo più generale è l'ira, la punizione del Super-io, la perdita d'amore da parte sua, ciò che l'Io sente come un pericolo e a cui risponde con il segnale d'angoscia. Ultima trasformazione di questa angoscia del Super-io mi è sembrata l'angoscia della morte (o della vita), l'angoscia delle proiezioni del Super-io nelle forze del destino.

In precedenza una volta ho attribuito un certo valore all'idea che l'investimento ritirato nel processo di rimozione è quello che viene utilizzato come scarica d'angoscia. Oggi però ciò mi appare poco importante. La differenza consiste nel fatto che allora credevo che l'angoscia si formasse sempre automaticamente mediante un processo economico, mentre la concezione odierna secondo cui l'angoscia è un segnale intenzionale dell'Io allo scopo di influenzare l'istanza di piacere-dispiacere ci svincola da questo legame necessario con il fattore economico. Naturalmente non va contro tale concezione sostenere che l'Io utilizzi, per risvegliare l'affetto, direttamente l'energia liberata per sottrazione nella rimozione, ma è divenuto privo di significato sapere con quale parte d'energia questo accada.

Un'altra tesi da me sostenuta una volta richiede ora una verifica alla luce della nostra nuova concezione. Si tratta dell'affermazione che l'Io è il vero luogo dell'angoscia, e ritengo che essa sarà dimostrata. Non abbiamo infatti alcun motivo di attribuire al Super-io una qualsiasi manifestazione di angoscia. Se invece si parla di un'«angoscia dell'Es», non vi è nulla da contestare, si deve soltanto correggere un'espressione inesatta. L'angoscia è uno stato affettivo che naturalmente solo l'Io può provare. L'Es non può avere angoscia come l'Io, non è un'organizzazione, non può giudicare le situazioni di pericolo. Al contrario accade molto di frequente che nell'Es si preparino o si compiano processi che danno all'Io motivo di sviluppare angoscia. Di fatto le rimozioni presumibilmente più precoci, come la maggior parte di tutte le seguenti, sono motivate da tale angoscia dell'Io nei confronti di singoli processi all'interno dell'Es. Distinguiamo qui nuovamente a buon diritto i due casi: il primo, che nell'Es accada qualcosa che attivi una delle situazioni di pericolo per l'Io, e perciò l'Io si metta in moto per dare il segnale d'angoscia e per inibire, e l'altro caso, che si crei nell'Es una situazione analoga al trauma della nascita, per cui si verifica automaticamente una reazione d'angoscia. I due casi si avvicinano se si osserva che il secondo corrisponde alla prima e originaria situazione di pericolo, mentre il primo a una delle successive condizioni di angoscia che da quella derivano. Oppure con riferimento alle affezioni vere e proprie che ne derivano: che il secondo caso si è realizzato nell'eziologia della nevrosi attuale, il primo resta caratterizzante per l'eziologia della psiconevrosi.

Vediamo ora che non dobbiamo sminuire ricerche precedenti, ma che dobbiamo solo metterle in relazione alle nuove conoscenze. Non c'è bisogno di dimostrare che nell'astinenza, o in disturbi violenti del decorso dell'eccitamento sessuale, o nella deviazione dell'eccitamento sessuale dalla sua rielaborazione psichica, si produca direttamente angoscia dalla libido, che si crei cioè quello stato di impotenza dell'Io nei confronti di un'eccessiva tensione di bisogno che, come alla nascita, sfocia nello sviluppo dell'angoscia. In tal caso vi è di nuovo l'evidente possibilità, ma di scarso interesse, che l'eccedenza di libido inutilizzata trovi la sua scarica nella formazione dell'angoscia. Vediamo che sul terreno di queste nevrosi attuali si sviluppano con particolare facilità le psiconevrosi; ciò significa che l'Io tenta di risparmiarsi l'angoscia e di legarla mediante la formazione di sintomo, angoscia che l'Io ha imparato a mantenere sospesa per un po'. Probabilmente l'analisi delle nevrosi traumatiche di guerra, il cui nome racchiude diversi tipi di affezioni, avrebbe dato come risultato che un certo numero di queste possiede i caratteri delle nevrosi attuali.

Quando abbiamo esposto lo sviluppo delle diverse situazioni di pericolo dal modello originario della nascita non intendevamo affermare che ogni successiva situazione d'angoscia annullasse semplicemente le precedenti. I progressi dello sviluppo dell'Io contribuiscono certo a valorizzare e ad accantonare le precedenti situazioni di pericolo, cosicché si può dire che a una determinata età dello sviluppo sia assegnata una specifica e adeguata condizione d'angoscia. Il pericolo d'impotenza psichica corrisponde all'epoca della vita di immaturità dell'Io, così come il pericolo della perdita d'oggetto sta alla mancanza di autonomia della prima infanzia, il pericolo di castrazione alla fase fallica, e l'angoscia del Super-io all'epoca di latenza. Ma tutte queste situazioni di pericolo e condizioni d'angoscia possono continuare a sussistere insieme e possono indurre l'Io a una reazione d'angoscia anche in tempi successivi rispetto a quelli adeguati, oppure più di esse possono attivarsi contemporaneamente. Probabilmente sussistono anche relazioni più strette tra la situazione di pericolo attiva e la forma della nevrosi che ad essa consegue[2].

Quando in una parte precedente di queste indagini abbiamo incontrato il significato del pericolo di castrazione in più d'una af-

[2] Da quando è stata posta la distinzione tra Io ed Es anche il nostro interesse per i problemi della rimozione ha ricevuto un nuovo impulso. Finora ci era bastato tenere presente gli aspetti del processo che riguardavano l'Io, ovvero l'allontanamento dalla coscienza e dalla mobilità e la formazione sostitutiva (sintomatica); avevamo supposto invece che il moto pulsionale rimosso rimanesse immutato nell'inconscio per un tempo indeterminato. Ora l'interesse si rivolge al destino di ciò che è rimosso e sospettiamo che un tale permanere inalterato e immutato non sia scontato e forse neppure usuale. Il moto pulsionale originario è stato in ogni caso inibito dalla rimozione e deviato dalla sua meta. È possibile che una sua parte sia comunque rimasta conservata nell'inconscio ed abbia resistito alle influenze modificatrici e invalidanti della vita? Esistono dunque ancora gli antichi desideri, della cui esistenza precedente l'analisi ci informa? La risposta sembra ovvia e sicura: gli antichi desideri rimossi devono ancora sussistere nell'inconscio poiché noi possiamo trovare ancora attivi i loro derivati, i sintomi. Ma tale risposta non è sufficiente, non permette di scegliere tra le due possibilità, se l'antico desiderio agisca ora solo attraverso i suoi derivati, ai quali ha trasmesso tutta la sua energia d'investimento, o se addirittura si sia conservato esso stesso. Se il suo destino era di esaurirsi nell'investimento dei suoi derivati, resta ancora una terza possibilità, che esso sia rianimato dalla regressione nel corso della nevrosi e così in modo anacronistico possa essere presente. Queste considerazioni non devono essere considerate superflue; molti fenomeni della vita psichica, sia patologica che normale, sembrano porre tali interrogativi. Nel mio studio *Il tramonto del complesso edipico* mi sono interessato della differenza tra la semplice rimozione e la reale cancellazione di un antico moto di desiderio.

fezione nevrotica, ci siamo riproposti di non sopravvalutare questo fattore poiché non poteva essere decisivo per il sesso femminile, che pure di certo è più predisposto alla nevrosi. Vediamo ora che non rischiamo di spiegare l'angoscia di castrazione come l'unico motore dei processi di difesa che conducono alla nevrosi. Altrove ho discusso come lo sviluppo della bambina sia guidato, mediante il complesso di castrazione, verso l'investimento oggettuale amoroso. Proprio nella donna la situazione di pericolo della perdita d'oggetto sembra essere rimasta la più efficace. Dovremmo apportare una piccola modifica alla condizione d'angoscia poiché non si tratta più della mancanza o della perdita reale dell'oggetto, ma della perdita d'amore da parte dell'oggetto. Dato che di sicuro l'isteria ha una maggiore affinità con la femminilità, così come la nevrosi ossessiva con la virilità, è naturale supporre che la condizione angosciosa della perdita d'amore svolga nell'isteria un ruolo simile a quello della minaccia di castrazione nelle fobie, e a quello dell'angoscia del Super-io nella nevrosi ossessiva.

9.

Restano ora da trattare le relazioni tra formazione di sintomo e sviluppo dell'angoscia.

In proposito due opinioni sembrano essere molto diffuse. La prima definisce l'angoscia stessa come un sintomo della nevrosi, l'altra ritiene che tra le due vi sia un rapporto molto più stretto. Secondo questa seconda tesi ogni formazione sintomatica sarebbe intrapresa unicamente per sfuggire all'angoscia; i sintomi legano l'energia psichica che altrimenti sarebbe scaricata come angoscia, cosicché l'angoscia sarebbe il fenomeno fondamentale e il problema principale della nevrosi.

La giustificazione, quanto meno parziale, della seconda tesi può essere dimostrata attraverso esempi convincenti. Se, dopo averlo accompagnato, si abbandona in strada un agorafobico, egli manifesta un attacco d'angoscia, se si impedisce a un nevrotico ossessivo di lavarsi le mani dopo un contatto, sarà preda di un'angoscia quasi incontrollabile. È dunque chiaro che la condizione dell'essere accompagnato e l'azione ossessiva del lavarsi avevano lo scopo, e anche il risultato, di evitare tali attacchi d'angoscia. In questo senso può essere chiamata sintomo anche ogni inibizione che l'Io s'impone.

Poiché abbiamo ricondotto lo sviluppo dell'angoscia alla situazione di pericolo preferiremo dire che i sintomi sono creati per sottrarre l'Io a tale situazione. Se la formazione sintomatica è impedita, allora irrompe realmente il pericolo, si realizza cioè una situazione analoga a quella della nascita, nella quale l'Io si trova inerme contro la pretesa della pulsione continuamente crescente, dunque una situazione simile alla prima e più originaria delle condizioni d'angoscia. Secondo il nostro modo di vedere le relazioni tra l'angoscia e il sintomo si dimostrano meno strette di quanto si fosse ritenuto poiché abbiamo inserito tra i due il fattore della situazione di pericolo. Possiamo anche aggiungere che lo sviluppo dell'angoscia dà avvio alla formazione di sintomo, è proprio un suo necessario presupposto, infatti se l'Io non avesse risvegliato l'istanza di piacere-dispiacere attraverso la formazione d'angoscia, non avrebbe il potere di fermare il minaccioso processo preparato nell'Es. In questo è inconfondibile la tendenza a limitare al minimo lo sviluppo dell'angoscia, a utilizzare l'angoscia solo come segnale, poiché altrimenti si proverebbe, ma altrove, il dispiacere che minaccia mediante il processo pulsionale, cosa che secondo l'intenzione del principio di piacere non sarebbe un successo, sebbene si verifichi abbastanza spesso nelle nevrosi.

La formazione di sintomo ha dunque il reale risultato di annullare la situazione di pericolo. Essa ha due parti: una ci resta nascosta e produce nell'Es quella modificazione per mezzo della quale l'Io è sottratto al pericolo, l'altra, rivolta a noi, ci mostra ciò che ha creato al posto del processo pulsionale influenzato, la formazione sostitutiva.

Ci dovremmo però esprimere più correttamente nell'attribuire al processo di difesa ciò che abbiamo appena affermato riguardo alla formazione di sintomo, e utilizzare il nome stesso di formazione sintomatica [*Symptombildung*] come sinonimo di formazione sostitutiva [*Ersatzbildung*]. Sembrerebbe dunque chiaro che il processo di difesa è analogo alla fuga con cui l'Io si sottrae a un pericolo esterno che lo minaccia e che esso rappresenta proprio un tentativo di fuga da un pericolo pulsionale. I dubbi relativi a questo paragone ci aiuteranno per un'ulteriore chiarificazione. In primo luogo si può obiettare che la perdita d'oggetto (la perdita dell'amore da parte dell'oggetto) e la minaccia di castrazione sono entrambi pericoli che incombono dall'esterno, come ad esempio un animale feroce, dunque non sono pericoli pulsionali. Ma non è comunque lo stesso caso. Il lupo probabilmente ci aggredirebbe indipendentemente dal nostro atteggiamento nei suoi confronti; la persona amata invece non ci toglierebbe il suo amore, la castrazione non ci sarebbe minacciata se non nutrissimo nel nostro intimo determinati sentimenti e intenzioni. Questi moti pulsionali diventano dunque condizioni del pericolo esterno e perciò essi stessi pericolosi e possiamo ora combattere il pericolo esterno con le misure utilizzate contro i pericoli interni. Nelle zoofobie sembra che il pericolo sia percepito come assolutamente esterno, allo stesso modo in cui esso subisce uno spostamento esterno nel sintomo. Nella nevrosi ossessiva il pericolo è molto più interiorizzato, la componente d'angoscia del Super-io, che è l'angoscia sociale, rappresenta ancora il sostituto interno di un pericolo esterno, l'altra componente, l'angoscia della coscienza morale, è completamente endopsichica.

Una seconda obiezione dice che nel tentativo di fuga da un pericolo esterno che ci minaccia non facciamo altro che aumentare la distanza spaziale tra noi e ciò che ci minaccia. Non opponiamo resistenza al pericolo, non cerchiamo affatto di cambiarlo, come nel caso in cui ci scagliamo sul lupo con un bastone o gli spariamo con un fucile. Il processo di difesa sembra però essere più attivo di quello corrispondente a un tentativo di fuga. Esso interviene nel decorso pulsionale minaccioso, lo reprime in qualche modo, lo svia dalla sua meta rendendolo così innocuo. Questa obiezione sembra innegabile e dobbiamo tenerne conto. Vogliamo dire che ci sono processi di difesa che a buon diritto possono essere paragonati a tentativi di fuga, mentre in altri l'Io oppone resistenza molto più attivamente e intraprende energiche azioni contrarie. Ma il paragone della difesa con la fuga trova comunque un ostacolo nella circostanza che l'Io e la pulsione nell'Es sono parti della stessa organizzazione, non esistenze separate, come il lupo e il bambino, cosicché ogni tipo di condotta dell'Io, anche correttiva, deve avere effetto sul processo pulsionale.

Studiando le condizioni che determinano l'angoscia abbiamo dovuto osservare il comportamento dell'Io nella difesa in una trasfigurazione per così dire razionale. Ogni situazione di pericolo corrisponde a una certa epoca della vita o a una fase di sviluppo dell'apparato psichico e sembra giustificata per tale fase. Nella prima infanzia l'individuo non ha i mezzi per far fronte psichicamente a grandi quantità di eccitamento che giungono dall'esterno o dall'interno. In una certa epoca della vita l'interesse più importante è realmente che le persone dalle quali si dipende non sottraggano la loro cura amorevole. Se il bambino considera il padre potente come un rivale nei confronti della madre e diventa consapevole delle sue tendenze aggressive contro di lui nonché dei suoi propositi sessuali nei confronti della madre, egli ha diritto di temere il padre e la paura della sua punizione può manifestarsi, mediante un rafforzamento filogenetico, come angoscia di castrazione. Con l'ingresso nelle relazioni sociali l'angoscia nei confronti del Super-io, della coscienza morale diventa una necessità e il venir meno di questo fattore diventa fonte di difficili conflitti, di pericoli ecc. Ma proprio a ciò si collega un nuovo problema.

Proviamo per un momento a sostituire l'affetto d'angoscia con un altro affetto, per esempio quello di dolore. Riteniamo assolutamente normale che a quattro anni la bambina pianga disperatamente quando le si rompe una bambola, a sei anni quando la maestra la rimprovera, a sedici anni quando l'innamorato non si preoccupa di lei, a venticinque anni circa quando le muore un figlio. Ognuna di queste condizioni di dolore ha il proprio tempo e si estingue con il suo scorrere; le ultime e definitive condizioni si mantengono nel corso di tutta la vita. Ci colpirebbe però se questa bambina, una volta divenuta donna e madre, piangesse perché le si è danneggiato un ninnolo. Eppure così si comportano i nevrotici. Nel loro apparato psichico sono sviluppate da tempo, all'interno di più vasti confini, tutte le istanze per il controllo degli stimoli; essi sono abbastanza adulti per soddisfare da soli la maggior parte dei loro bisogni e sanno da tempo che la castrazione non è più usata come punizione, eppure si comportano come se le antiche situazioni di pericolo fossero ancora esistenti, si fissano a tutte le precedenti condizioni di angoscia.

La risposta sarà alquanto complessa da trovare. Essa dovrà come prima cosa esaminare gli elementi di fatto. In un gran numero di casi le antiche condizioni d'angoscia sono realmente lasciate cadere dopo che hanno già prodotto reazioni nevrotiche. Le fobie dei bambini più piccoli, di star soli, del buio o degli estranei, che possono essere definite quasi normali, svaniscono in gran parte negli anni seguenti, «vengono superate con la crescita» col trascorrere del tempo, come si dice per altri disturbi dell'infanzia. Le zoofobie, così frequenti, hanno lo stesso destino, molte isterie di conversione dell'età infantile non trovano in seguito alcun proseguimento. Un cerimoniale nell'epoca di latenza è un evento estremamente frequente, solo una percentuale estremamente bassa di questi casi si sviluppa in seguito in una completa nevrosi ossessiva. Le nevrosi infantili sono in genere – per quanto la nostra esperienza si estenda a bambini di razza bianca che vivono in città, sottoposti alle sollecitazioni culturali più elevate – episodi regolari dello sviluppo, sebbene l'attenzione riservata a tali nevrosi sia ancora troppo poca. Non c'è un nevrotico adulto che non presenti i segni della nevrosi infantile, mentre è evidente che non tutti i bambini che manifestano tali segni diventano in seguito nevrotici. Nel corso della maturazione dunque alcune condizioni d'angoscia devono essere state abbandonate e le situazioni di pericolo hanno perso il loro significato. Avviene inoltre che alcune di tali situazioni di pericolo sopravvivano in epoca successiva modificando in relazione al momento la loro condizione angosciosa. Così ad esempio l'angoscia di castrazione si conserva sotto la maschera della sifilofobia, dopo che si è scoperto che la castrazione non è più usata come punizione per aver appagato appetiti sessuali, ma che però pesanti malattie minacciano il libero sfogo delle pulsione. Altre condizioni d'angoscia non sono in genere destinate a esaurirsi, ma devono accompagnare l'uomo per tutta vita, come l'angoscia di fronte al Super-io. Il nevrotico si differenzia quindi dalla persona normale per il fatto che ingigantisce le reazioni a tali pericoli. Di fronte al ritorno dell'originaria situazione traumatica d'angoscia neppure l'essere adulto offre infine alcuna protezione sufficiente. Probabilmente per ognuno vi è un limite oltre il quale l'apparato psichico non riesce a liquidare le quantità di eccitamenti che lo richiedono.

Queste piccole rettifiche non possono in alcun modo sovvertire quanto è stato fin qui discusso, il fatto cioè che così tante persone restano infantili nel loro atteggiamento nei confronti del pericolo e non superano condizioni di angoscia prescritte; contestare questo significherebbe negare il fatto stesso della nevrosi, dal momento che tali persone vengono appunto chiamate nevrotiche. Ma come può accadere ciò? Perché non tutte le nevrosi si presentano come episodi dello sviluppo che si concludono con il raggiungimento delle fasi successive? Da dove viene il fattore durata in queste reazioni al pericolo? Da dove la preferenza che sembra godere l'affetto d'angoscia rispetto a tutti gli altri affetti, poiché esso solo suscita reazioni che si distinguono dalle altre per la loro anormalità e che si oppongono al fluire della vita per la loro inadeguatezza? In altre parole, ci troviamo improvvisamente di nuovo di fronte alla domanda ambigua che così spesso si è posta: da dove viene la nevrosi, qual è la sua causa ultima e specifica? Dopo sforzi analitici decennali questo problema si ripresenta davanti a noi, intatto, come all'inizio.

10.

L'angoscia è la reazione al pericolo. Non si può respingere l'idea che se l'affetto d'angoscia può ottenere una posizione d'eccezione nell'economia psichica ciò è possibile poiché essa è in relazione con l'essenza del pericolo. Ma i pericoli sono fatti generalmente umani, per tutti gli individui gli stessi; ciò di cui abbiamo bisogno e che non abbiamo a disposizione è un elemento che ci renda comprensibile perché una parte degli individui possa sottomettere l'affetto d'angoscia, nonostante la sua particolarità, alla normale attività psichica, o un fattore che determini chi debba fallire in questo compito. Vedo davanti a me due tentativi di scoprire un tale fattore; è comprensibile che ognuno di essi possa aspettarsi di essere ben accolto, poiché promette un rimedio a un bisogno tormentoso. Entrambi i tentativi si completano l'un l'altro, in quanto affrontano il problema da termini opposti. Il primo è stato intrapreso più di dieci anni fa da Alfred Adler; secondo la sua ipotesi, ridotta al nucleo più centrale, le persone che falliscono nell'eseguire il compito posto dal pericolo sono quelle che si trovano in grandi difficoltà a causa dell'inferiorità dei loro organi. Se il motto *Simplex sigillum veri* fosse valido, una tale soluzione dovrebbe essere accolta come una liberazione. Ma, al contrario, la critica degli ultimi dieci anni ha dimostrato la totale insufficienza di questa spiegazione, la quale inoltre omette di considerare l'intero regno degli elementi di fatto scoperti dalla psicoanalisi.

Il secondo tentativo è stato intrapreso da Otto Rank nel 1923 nel suo libro *Das Trauma der Geburt* [*Il trauma della nascita*]. Sarebbe ingiusto equiparare questo al tentativo di Adler in un altro punto che non sia quello qui in questione, poiché Rank resta sul terreno della psicoanalisi di cui prosegue i ragionamenti, e gli deve essere riconosciuto uno sforzo legittimo per la soluzione dei problemi analitici. Nella relazione posta tra individuo e pericolo, Rank non s'interessa della debolezza organica dell'individuo, ma si concentra sull'intensità mutevole del pericolo. Il processo della nascita è la prima situazione di pericolo, il tumulto economico da essa prodotto diventa modello della reazione di angoscia. Abbiamo poc'anzi seguito la linea di sviluppo che collega questa prima situazione di pericolo e questa prima condizione di angoscia a tutte le seguenti, e abbiamo visto inoltre che esse possiedono qualcosa in comune, in quanto significano in un certo senso una separazione dalla madre, dapprima solo in senso biologico, in seguito nel senso di una perdita d'oggetto diretta e successivamente di una perdita mediata da una direzione indiretta. La scoperta di questo importante nesso è merito incontestabile della costruzione rankiana. Il trauma della nascita colpisce i singoli individui con diversa intensità, al variare della forza del trauma varia anche la violenza della reazione d'angoscia e, secondo Rank, dall'intensità di questo inizio dello sviluppo dell'angoscia dipenderebbe se l'individuo possa mai raggiungere il controllo dell'angoscia, ossia se diventerà un nevrotico o un individuo normale.

Non è nostro compito la critica puntuale delle formulazioni rankiane, ci limitiamo ad esaminare se esse siano utilizzabili per la soluzione del nostro problema. La formula di Rank, secondo cui diventa nevrotico colui che non riesce mai, a causa della forza del trauma della nascita, ad abreagire completamente il trauma, è dal punto di vista teoretico estremamente contestabile. Non si sa bene cosa s'intenda con l'espressione «abreagire il trauma». Se la si intende letteralmente, si giunge alla conclusione insostenibile che il nevrotico si avvicina tanto più alla guarigione quanto più frequentemente e intensamente egli riproduce l'affetto d'angoscia. A causa di questa contraddizione con la realtà avevo abbandonato a suo tempo la teoria dell'abreazione, che aveva svolto un ruolo così importante nel metodo catartico. L'accento posto sulla forza variabile del trauma della nascita non lascia spazio alla legittima esigenza eziologica della costituzione ereditaria. Tale forza è certo un fattore organico che si comporta come un'accidentalità nei confronti della costituzione poiché dipende da molte influenze da considerarsi casuali, quale ad esempio un aiuto tempestivo al momento della nascita. La teoria rankiana non ha assolutamente preso in considerazione fattori costituzionali o filogenetici. E, anche se si volesse dare rilievo all'importanza della costituzione – ad esempio attraverso la modificazione che tutto dipende piuttosto da come l'individuo reagisce alla variabile intensità del trauma della nascita –, la teoria di Rank sarebbe privata del suo significato e il fattore da lui introdotto sarebbe circoscritto a un ruolo secondario. La decisione sull'esito in una nevrosi si trova dunque in un altro ambito ancora sconosciuto.

Il fatto che l'uomo abbia in comune con altri mammiferi il processo della nascita, mentre è una sua prerogativa rispetto agli animali una particolare disposizione alla nevrosi, si adatterà difficilmente alla teoria rankiana. L'obiezione principale resta però che tale teoria è sospesa nel vuoto invece di ancorarsi a una ferma osservazione. Non vi sono buone ricerche capaci di stabilire se una nascita difficile e protratta coincida in modo incontestabile con lo sviluppo di una nevrosi, o quantomeno se bambini nati in tal modo manifestino i fenomeni dell'ansietà [*Ängstlichkeit*] della prima infanzia più a lungo o più intensamente di altri. Pur ammettendo che nascite precipitose e facili per la madre hanno probabilmente per il bambino il significato di traumi pesanti, resta legittima l'esigenza che nelle nascite che comportano l'asfissia dovrebbero potersi riconoscere con sicurezza le asserite conseguenze. Un vantaggio dell'eziologia rankiana è che essa pone in risalto un fattore verificabile attraverso un materiale empirico; finché un tale esame non sia stato realmente eseguito, è impossibile giudicarne il valore.

D'altronde non posso condividere l'idea che la teoria rankiana contraddica il significato eziologico, finora riconosciuto in psicoanalisi, delle pulsioni sessuali. Essa infatti si riferisce solo al rapporto dell'individuo con la situazione di pericolo, e lascia aperta la possibilità di supporre che colui il quale non è riuscito a far fronte ai pericoli iniziali fallirà anche nelle situazioni di pericolo sessuale che emergeranno in seguito, e perciò sarà spinto nella nevrosi.

Non credo dunque che il tentativo rankiano ci abbia portato la risposta alla domanda sulla costituzione della nevrosi, e ritengo che non si possa ancora giudicare se esso contenga, e in quale misura, un contributo alla soluzione del problema. Se le ricerche sull'influenza di nascite difficili sulla disposizione alla nevrosi risulteranno negative, tale contributo dovrà essere considerato molto piccolo. C'è da temere che il bisogno di una "causa ultima", concreta e unitaria, della condizione del nervosismo [*Nervosität*] resterà sempre insoddisfatto. Il caso ideale, che probabilmente il medico desidera ardentemente ancora oggi, sarebbe quello del bacillo che è possibile isolare e mettere a coltura pura e la cui inoculazione provoca in ogni individuo la stessa affezione. O qualcosa di meno fantasioso: l'idea di sostanze chimiche la cui somministrazione produca o elimini determinate nevrosi. Ma la probabilità non parla in favore di tali soluzioni del problema.

La psicoanalisi conduce a informazioni meno semplici, meno soddisfacenti. In proposito devo solo ripetere ciò che da molto tempo è conosciuto e non ho nulla di nuovo da aggiungere. Quando l'Io è riuscito a difendersi da un moto pulsionale pericoloso, ad esempio mediante il processo della rimozione, esso ha inibito e danneggiato questa parte dell'Es, ma allo stesso tempo le ha dato anche un pezzo di indipendenza e ha rinunciato a un po' della sua sovranità. Ciò deriva dalla natura della rimozione che, in fondo, è un tentativo di fuga. Ciò che è rimosso è ora "bandito", escluso dalla grande organizzazione dell'Io, sottoposto solo alle leggi che governano nel campo dell'inconscio. Se ora muta la situazione di pericolo, in modo tale che l'Io non ha motivo di difendersi da un nuovo moto pulsionale analogo a quello rimosso, le conseguenze della limitazione dell'Io diventano manifeste. Il nuovo decorso della pulsione si compie sotto l'influsso dell'automatismo – o, preferirei dire, della coazione a ripetere –, esso percorre le stesse vie di quello prima rimosso, come se la situazione di pericolo superata fosse ancora presente. Il fattore che fissa la rimozione è dunque la coazione a ripetere dell'Es inconscio, che normalmente è annullata solo dalla funzione liberamente mobile dell'Io. Ora, talvolta l'Io può riuscire ad abbattere le barriere della rimozione che esso stesso ha innalzato, a riacquisire il suo influsso sul moto pulsionale e a guidare il nuovo corso della pulsione nel senso della situazione di pericolo mutata. Fatto sta che l'Io molto spesso fallisce in questo poiché non riesce a rendere reversibili le sue rimozioni. Relazioni quantitative possono influenzare l'esito di questa lotta. In alcuni casi abbiamo l'impressione che la decisione sia obbligata, l'attrazione regressiva dell'impulso rimosso e la forza della rimozione sono così grandi che il nuovo impulso può unicamente seguire la coazione a ripetere. In altri casi osserviamo il contributo di un altro gioco di forze, l'attrazione del modello rimosso è rinforzata dal rifiuto nei confronti delle reali difficoltà che si oppongono a un diverso corso del nuovo moto pulsionale.

Che questo sia il modo in cui si giunge alla fissazione della rimozione e al mantenimento della situazione di pericolo non più attuale trova dimostrazione nel fatto in sé semplice, ma teoreticamente non sopravvalutabile, della terapia analitica. Quando nell'analisi offriamo aiuto all'Io e lo mettiamo in grado di annullare le sue rimozioni, esso ottiene nuovamente il suo dominio sull'Es rimosso e può così far fluire i moti pulsionali come se le antiche situazioni di pericolo fossero passate. Ciò che raggiungiamo in tal modo sta in buona armonia con l'altra sfera di competenza della nostra prestazione medica. Di regola la nostra terapia deve accontentarsi di causare, in modo più rapido, più sicuro e più economico, il buon esito che si sarebbe ottenuto spontaneamente in presenza di circostanze favorevoli.

Le riflessioni fin qui svolte ci insegnano che sono le relazioni *quantitative*, le quali non possono essere indicate direttamente e sono comprensibili solo per via deduttiva, a decidere se le antiche situazioni di pericolo vengono mantenute, se le rimozioni dell'Io si conservano, se le nevrosi infantili trovano o meno il loro proseguimento. Tra i fattori che partecipano alla causazione della nevrosi, i quali hanno creato le condizioni per cui le forze psichiche si misurano le une con le altre, ne emergono tre per la nostra comprensione: un fattore biologico, uno filogenetico, e uno puramente psicologico. Quello biologico è lo stato d'impotenza e di dipendenza a lungo protratto del bambino piccolo. L'esistenza intrauterina dell'essere umano appare, in confronto a quella della maggior parte degli animali, relativamente ridotta; il bambino è gettato nel mondo in modo più immaturo di questi. Perciò l'influsso del reale mondo esterno è rafforzato, la differenziazione dell'Io dall'Es è precocemente favorita, i pericoli del mondo esterno crescono di significato e il valore dell'oggetto che, solo, può proteggere contro questi pericoli e sostituire la vita intrauterina persa, cresce enormemente. Questo fattore biologico produce quindi le prime situazioni di pericolo e crea il bisogno di essere amati che non abbandonerà più l'uomo.

Il secondo fattore filogenetico è da noi unicamente dedotto; un fatto molto singolare dello sviluppo della libido ci ha spinto ad ammetterlo. Constatiamo che la vita sessuale dell'uomo non si evolve come quella degli animali a lui prossimi in modo continuativo dall'inizio fino alla maturità, ma che essa dopo un primo iniziale sboccio fino al quinto anno di età subisce un'energica interruzione dopo la quale, con la pubertà, si risveglia di nuovo e si riallaccia agli inizi infantili. Riteniamo che deve essere accaduto qualcosa d'importante nei destini della specie umana, che ha lasciato in eredità tale interruzione dello sviluppo sessuale come sedimento storico. Il significato patogeno di questo fattore risulta dal fatto che la maggior parte delle pretese pulsionali di questa sessualità infantile sono trattate e allontanate dall'Io come pericoli, cosicché i successivi impulsi sessuali della pubertà che dovrebbero essere conformi all'Io sono in pericolo di soccombere all'attrazione dei modelli infantili e di seguirli nella rimozione. Qui ci imbattiamo nella più diretta eziologia della nevrosi. È singolare che il primo contatto con le pretese della sessualità abbia sull'Io un effetto simile a quello derivante dal contatto precoce con il mondo esterno.

Il terzo fattore, o fattore psicologico, deve trovarsi in un'imperfezione del nostro apparato psichico, la quale si collega proprio alla differenziazione in un Io e un Es. Tale fattore dunque, in ultima analisi, risale anch'esso all'influsso del mondo esterno. L'attenzione ai pericoli della realtà [esterna] obbliga l'Io a opporsi a certi moti pulsionali dell'Es, a trattarli come pericoli. L'Io però non può proteggersi contro i pericoli pulsionali interni con la stessa efficacia con cui si difende da una parte della realtà ad esso estranea. Legato intimamente all'Es stesso, l'Io può difendersi dal pericolo pulsionale unicamente limitando la sua stessa organizzazione e tollerando la formazione sintomatica come sostituto del pregiudizio della pulsione. Se si rinnova in seguito la pressione della pulsione respinta, emergono per l'Io tutte le difficoltà che conosciamo come sofferenze nevrotiche.

Devo ritenere che al momento la nostra comprensione dell'essenza e dell'origine della nevrosi non sia giunta oltre.

11. Appendice

Nel corso di queste discussioni sono stati toccati diversi temi che abbiamo dovuto abbandonare anticipatamente. Ora devono essere riuniti per ricevere quella parte di attenzione a cui hanno diritto.

A. Modificazioni di opinioni espresse in precedenza

a. Resistenza e controinvestimento

Una parte importante della teoria della rimozione ci dice che essa non è un processo che si presenta un'unica volta, ma richiede un dispendio continuo [di energia]. Se questo non avvenisse, la pulsione rimossa, che è continuamente alimentata da flussi provenienti dalle sue fonti, imboccherebbe di nuovo la stessa strada dalla quale era stata respinta, la rimozione non avrebbe esito, o dovrebbe essere ripetuta un numero indeterminato di volte. Così dalla natura continuativa della pulsione deriva la richiesta all'Io di assicurare la sua azione di difesa con un dispendio continuo [di energia]. Questa azione a difesa della rimozione è ciò che nel trattamento terapeutico avvertiamo come *resistenza*. La resistenza presuppone ciò che ho indicato come *controinvestimento* [*Gegenbesetzung*]. Un tale controinvestimento diventa evidente nella nevrosi ossessiva. Esso appare qui come *alterazione dell'Io*, come formazione reattiva nell'Io mediante il rafforzamento di quella posizione [*Einstellung*] che è opposta alla direzione della pulsione da rimuovere (compassione, coscienziosità, pulizia). Queste formazioni reattive della nevrosi ossessiva sono esagerazioni di tratti del carattere normali sviluppati nel periodo di latenza.

È molto più difficile mostrare il controinvestimento nell'isteria, dove questo in teoria è ugualmente indispensabile. Anche qui è evidente una certa alterazione dell'Io determinata da formazioni reattive e in alcune circostanze diventa così manifesta da imporsi all'attenzione come il sintomo principale dell'isteria. In tal modo viene risolto ad esempio il conflitto di ambivalenza nell'isteria, l'odio verso una persona amata viene represso mediante un eccesso di tenerezza e di preoccupazione nei suoi riguardi. Si deve però sottolineare che, a differenza della nevrosi ossessiva, tali formazioni reattive non mostrano la natura generale di tratti del carattere, ma sono limitate a relazioni del tutto particolari. L'isterica, ad esempio, che tratta con eccessiva tenerezza i suoi bambini, in fondo odiati, non diventa per questo in generale più disposta ad amare di altre donne, né più affettuosa con altri bambini. La formazione reattiva dell'isteria si fissa tenacemente a un determinato oggetto e non si innalza a una generale disposizione dell'Io. Invece sono caratteristici della nevrosi ossessiva proprio questa generalizzazione, l'allentamento delle relazioni oggettuali, la facilità di spostamento nella scelta oggettuale.

Un altro tipo di controinvestimento sembra essere più conforme alla peculiarità dell'isteria. Il moto pulsionale rimosso può essere attivato (investito nuovamente) da due lati, in primo luogo dall'interno per mezzo di un rafforzamento della pulsione da parte delle sue fonti di eccitamento interne, in secondo luogo dall'esterno mediante la percezione di un oggetto desiderato dalla pulsione. Il controinvestimento isterico è diretto preferibilmente all'esterno contro una percezione pericolosa, esso assume la forma di una particolare vigilanza che mediante limitazioni dell'Io evita situazioni nelle quali la percezione dovrebbe presentarsi, e riesce a distogliere l'attenzione da tale percezione se invece riemerge. Di recente autori francesi (Laforgue) hanno contraddistinto questo lavoro dell'isteria con il termine particolare di «scotomizzazione». Ancora più evidente che nell'isteria, è questa tecnica di controinvestimento nelle fobie, il cui interesse si concentra nel tenersi sempre più lontano dalla possibilità della percezione temuta. Il contrasto nella direzione del controinvestimento tra isteria e fobie, da un lato, e nevrosi ossessiva, dall'altro, sembra significativo sebbene non sia assoluto. Questo ci porta ad ammettere che tra la rimozione e il controinvestimento esterno, così come tra la regressione e il controinvestimento interno (alterazione dell'Io mediante una formazione reattiva), vi sia un nesso più intimo. La difesa della percezione pericolosa è del resto un compito comune della nevrosi. Diversi comandi e divieti della nevrosi ossessiva devono servire allo stesso scopo.

Ci siamo già resi conto in precedenza che la resistenza che dobbiamo vincere nell'analisi è creata dall'Io che resta fermo ai suoi controinvestimenti. L'Io ha difficoltà a rivolgere la propria attenzione a percezioni e rappresentazioni, le quali fino ad allora si era prescritto di evitare, o a riconoscere come propri impulsi che costituiscono l'esatto opposto di quelli che confida essere i suoi. La nostra lotta contro la resistenza nell'analisi si fonda su una tale comprensione. Rendiamo cosciente la resistenza, laddove essa, come spesso accade, è inconscia a causa del nesso con il rimosso; le contrapponiamo argomenti logici quando o dopo che è divenuta cosciente, promettiamo all'Io vantaggi e premi se rinuncia alla resistenza. Non c'è nulla da dubitare o da correggere sulla resistenza dell'Io. Al contrario è da chiedersi se essa sola esaurisca lo stato di cose che affrontiamo nell'analisi. Sappiamo per esperienza che l'Io incontra continuamente difficoltà a rendere revocabili le rimozioni, anche dopo essersi riproposto di rinunciare alle sue resistenze, e abbiamo chiamato la fase di sforzi pesanti che segue a tale lodevole proposito fase di "rielaborazione" [*Durcharbeiten*]. È facile ora riconoscere il fattore dinamico che rende necessaria e comprensibile una tale "rielaborazione". E non può essere diversamente dato che dopo l'annullamento della resistenza dell'Io deve essere superato ancora il potere della coazione a ripetere, l'attrazione dei modelli inconsci sul moto pulsionale rimosso, e non c'è nulla da obiettare se si vuole indicare questo fattore come *resistenza dell'inconscio* [*Widerstand des Unbewußten*]. Non lasciamoci infastidire da tali correzioni; sono auspicabili se favoriscono un po' la nostra comprensione, e non c'è da vergognarsi se esse non confutano, ma arricchiscono la precedente concezione, eventualmente limitando una generalizzazione, o ampliando un'interpretazione troppo limitata.

Non si deve ritenere che con queste correzioni abbiamo raggiunto una completa visione d'insieme sui tipi di resistenze che si incontrano in analisi. Approfondendo ulteriormente notiamo piuttosto che dobbiamo combattere cinque tipi di resistenze, le quali provengono da tre parti, ovvero dall'Io, dall'Es e dal Super-io, laddove l'Io si rivela come la fonte di tre di tali forme, diverse nella loro dinamica. La prima di queste tre resistenze dell'Io è la resistenza *di rimozione* [*Verdrängungswiderstand*] poc'anzi trattata, su cui c'è da dire pochissimo di nuovo. Da questa si distingue la resistenza *di transfert* [*Übertragungswiderstand*], che è della stessa natura, ma nell'analisi realizza fenomeni diversi e molto più evidenti, poiché riesce a stabilire una relazione con la situazione analitica o con la persona dell'analista e perciò a rianimare come nuova una rimozione che doveva solo essere ricordata. Un'altra resistenza dell'Io, ma di natura del tutto diversa, è quella che deriva dal vantaggio *della malattia* [*Krankheitsgewinn*] e che si fonda sull'inclusione del sintomo nell'Io. Essa corrisponde all'opposizione dell'Io contro la rinuncia a un soddisfacimento o a una facilitazione. Il quarto tipo di resistenza – quella dell'Es – è quella a cui abbiamo appena attribuito la necessità della rielaborazione. La quinta resistenza, quella del *Super-io*, che abbiamo riconosciuto per ultima, è la più oscura, ma non sempre la più debole, essa sembra derivare dalla coscienza di colpa o dal bisogno di punizione; si oppone a ogni successo e dunque anche alla guarigione attraverso l'analisi.

b. Angoscia da trasformazione di libido

L'interpretazione dell'angoscia presentata in questo saggio si allontana in parte da quella che finora mi era sembrata legittima. In precedenza consideravo l'angoscia come una reazione generale dell'Io in condizioni di dispiacere, cercavo di giustificare la sua comparsa ogni volta dal punto di vista economico e ammettevo, fondandomi sulla ricerca relativa alle nevrosi attuali, che la libido (eccitamento sessuale) che è respinta dall'Io o non è utilizzata trovasse una scarica diretta nella forma dell'angoscia. Appare evidente che queste diverse affermazioni non concordano bene, o quanto meno non seguono necessariamente l'una dall'altra. Inoltre ne derivava l'apparenza di una relazione particolarmente intima tra angoscia e libido, relazione che di nuovo non si accordava con il carattere generale dell'angoscia come reazione di dispiacere.

L'obiezione nei confronti di questa concezione derivava dalla tendenza a rendere l'Io l'unico luogo dell'angoscia, era dunque una delle conseguenze della suddivisione dell'apparato psichico tentata ne *L'Io e l'Es*. Secondo la precedente interpretazione era evidente considerare la libido del moto pulsionale rimosso come la fonte dell'angoscia. In base alla nuova concezione era l'Io piuttosto a dover rispondere di questa angoscia. Dunque angoscia dell'Io [*Ich-Angst*] o angoscia della pulsione (dell'Es) [*Trieb-(Es)-Angst*]. Poiché l'Io lavora con energia desessualizzata nella nuova versione era allentato anche l'intimo legame di angoscia e libido. Spero di essere riuscito quanto meno a chiarire i termini della contraddizione e a delineare nitidamente i contorni degli aspetti irrisolti.

L'ammonimento rankiano secondo cui l'affetto d'angoscia sarebbe, come io stesso inizialmente ritenevo, una conseguenza del processo della nascita e una ripetizione della situazione allora vissuta, obbligava a un riesame del problema dell'angoscia. Con la sua interpretazione della nascita come trauma, dello stato d'angoscia come reazione di scarica ad esso, di ogni nuovo affetto d'angoscia come tentativo di «abreagire» il trauma in modo sempre più completo, non sono riuscito ad andare avanti nella ricerca. Nasceva la necessità di risalire dalla reazione d'angoscia alla *situazione di pericolo*. Con l'introduzione di questo fattore emergevano nuovi punti di vista per l'indagine. La nascita divenne il modello di tutte le seguenti situazioni di pericolo che risultavano nelle nuove condizioni della mutata forma d'esistenza e del progressivo sviluppo psichico. Anche il suo stesso significato era però ridotto a questa relazione esemplare con il pericolo. L'angoscia provata alla nascita divenne quindi il modello di uno stato affettivo che doveva condividere il destino di altri affetti. Esso o si riproduceva automaticamente come forma di reazione inadeguata in situazioni che erano analoghe alla sua situazione originaria, dopo essere stato adatto nella prima situazione di pericolo; oppure l'Io prendeva potere su tale affetto e lo riproduceva, se ne serviva come avvertimento del pericolo e come mezzo per ridestare l'intervento del meccanismo piacere-dispiacere. Il significato biologico dell'affetto d'angoscia ottenne giustizia in quanto l'angoscia fu riconosciuta come la reazione generale alla situazione di pericolo. Il ruolo dell'Io come luogo dell'angoscia fu confermato in quanto gli era accordata la funzione di produrre l'affetto d'angoscia secondo i propri bisogni. Così furono assegnati all'angoscia due modi di origine nella vita seguente: uno involontario, automatico, sempre giustificato dal punto di vista economico, che si presentava ogni volta che si fosse realizzata una situazione di pericolo analoga a quella della nascita; l'altro, che si aveva quando una tale situazione di pericolo era solo minacciata e che era prodotto dall'Io per evitarla. In questo secondo caso l'Io si sottometteva all'angoscia per così dire come a una vaccinazione per sottrarsi mediante una manifestazione attenuata a un attacco forte della malattia. L'Io si rappresentava in un certo senso con chiarezza la situazione di pericolo tendendo evidentemente a limitare il vissuto penoso a un accenno, a un segnale. Come le diverse situazioni di pericolo si sviluppino l'una dopo l'altra e restino legate geneticamente l'una con l'altra è già stato esposto in modo analitico. Forse riusciamo ad andare un passo in avanti nella comprensione dell'angoscia, se affrontiamo il problema del rapporto tra l'angoscia nevrotica e l'angoscia reale.

L'idea che abbiamo espresso in precedenza della diretta trasposizione della libido in angoscia è divenuta ora meno significativa per il nostro interesse. Se la prendiamo comunque in considerazione, dobbiamo distinguere diversi casi. Per quanto riguarda l'angoscia provocata dall'Io come segnale, la libido non è in questione; dunque neppure in tutte le situazioni di pericolo che inducono l'Io ad una rimozione. L'investimento libidico del moto pulsionale rimosso – come si vede nel modo più chiaro nell'isteria di conversione – subisce un utilizzo diverso dalla trasposizione in angoscia e dalla scarica come angoscia. D'altra parte nella successiva discussione della situazione di pericolo ci imbatteremo in un caso di sviluppo d'angoscia che probabilmente deve essere giudicato diversamente.

c. Rimozione e difesa

In relazione alle considerazioni sul problema dell'angoscia ho ripreso un concetto, o semplicemente ho espresso un termine, del quale mi ero servito esclusivamente all'inizio dei miei studi trent'anni fa e che in seguito avevo abbandonato. Intendo il concetto di processo di difesa[1] [*Abwehrvorgang*]. L'ho sostituito in

[1] Si veda *Le neuropsicosi di difesa* (1894) [in *Opere 1886-1921*, Newton Compton, Roma 2009].

seguito con il termine "rimozione" [*Verdrängung*], ma il rapporto tra i due è rimasto indeterminato. Ritengo ora che ritornare all'antico concetto di difesa comporti un vantaggio sicuro se ci si ferma al fatto che esso deve essere la denominazione generale per tutte le tecniche di cui l'Io si serve nei suoi conflitti che possono sfociare nella nevrosi. "Rimozione" invece rimane il nome di un particolare metodo di difesa che inizialmente abbiamo conosciuto meglio degli altri a causa della direzione delle nostre ricerche.

Anche un'innovazione semplicemente terminologica trova una giustificazione se è l'espressione di un nuovo modo di vedere o un ampliamento della nostra visuale. Il recupero del concetto di difesa e la limitazione del concetto di rimozione tengono ora conto di un fatto che da lungo tempo è conosciuto, ma che ha acquisito significato mediante alcune scoperte nuove. Facemmo le nostre prime esperienze sulla rimozione e sulla formazione di sintomo nell'isteria; vedemmo che il contenuto percettivo di esperienze eccitanti, il contenuto rappresentativo di formazioni di pensiero patogene sono dimenticati ed esclusi dalla riproduzione nella memoria, e abbiamo perciò riconosciuto nell'allontanamento dalla coscienza un carattere fondamentale della rimozione isterica. In seguito abbiamo studiato la nevrosi ossessiva e abbiamo scoperto che in questa affezione gli eventi patogeni non vengono dimenticati. Rimangono coscienti, ma vengono "isolati" in un modo che non siamo riusciti ancora a comprendere, cosicché si raggiunge all'incirca lo stesso risultato di quello ottenuto con l'amnesia isterica. Ma la differenza è abbastanza grande da giustificare la nostra opinione che il processo mediante il quale la nevrosi ossessiva mette da parte una pretesa pulsionale non possa essere uguale a quello dell'isteria. Ulteriori ricerche ci hanno insegnato che nella nevrosi ossessiva sotto l'influenza dell'opposizione dell'Io si ottiene una regressione dei moti pulsionali a una precedente fase della libido, regressione che non rende certo superflua una rimozione, ma che agisce chiaramente nello stesso senso della rimozione. Abbiamo visto inoltre che nella nevrosi ossessiva il controinvestimento – che è da ritenere presente anche nell'isteria – svolge un ruolo particolarmente importante nella protezione dell'Io, nella forma di alterazione reattiva dell'Io. Abbiamo rivolto la nostra attenzione a un processo di "isolamento" che si procura una espressione sintomatica diretta e la cui tecnica non siamo riusciti ancora a individuare. Ci siamo poi interessati del procedimento – che si può definire magico – dell'"annullamento retroattivo" sulla cui tendenza difensiva non vi è dubbio, ma che non ha più alcuna somiglianza con il processo della "rimozione". Queste esperienze sono un motivo sufficiente per reintegrare l'antico concetto di *difesa*, che può comprendere tutti questi processi che hanno la stessa tendenza – la protezione dell'Io contro le pretese pulsionali – e per includervi la rimozione come un caso particolare. Il significato di una tale denominazione si accresce se si considera la possibilità che un approfondimento dei nostri studi possa dimostrare un'intima affinità tra particolari forme di difesa e determinate affezioni, ad esempio tra rimozione e isteria. La nostra aspettativa si rivolge inoltre alla possibilità di un'altra significativa dipendenza. Può accadere facilmente che l'apparato psichico, prima della netta separazione di Io ed Es e della formazione del Super-io, utilizzi metodi di difesa diversi da quelli usati dopo il raggiungimento di questi stadi di organizzazione.

B. Integrazione riguardo all'angoscia

L'affetto d'angoscia mostra alcuni tratti il cui esame promette ulteriori chiarimenti. L'angoscia [*Angst*] ha un'innegabile relazione con l'*attesa* [*Erwartung*], è angoscia *prima* [*vor*] di qualcosa[2]. Ciò le conferisce un carattere d'*indeterminatezza* e di *mancanza d'oggetto*; secondo il corretto uso linguistico il suo nome muta se l'angoscia ha trovato un oggetto, e lo si sostituisce quindi con *paura* [*Furcht*]. Oltre alla sua relazione con il pericolo, l'angoscia ne ha poi un'altra con la nevrosi, relazione che da tempo ci sforziamo di spiegare. Si pone l'interrogativo del perché non tutte le reazioni d'angoscia sono nevrotiche, in quanto ne riconosciamo così tante come normali. Infine la differenza tra angoscia reale e angoscia nevrotica richiede un apprezzamento più approfondito.

Partiamo dall'ultimo compito. Il nostro progresso è consistito

[2] [Freud si riferisce qui al significato del termine *vor* che in tedesco vuol dire sia "davanti", sia "prima". Si ha dunque angoscia non soltanto «davanti a qualcosa» – e in questo senso si dovrebbe parlare più propriamente di paura – ma anche «prima di qualcosa». Sul significato dell'angoscia e sulla sua distinzione dalla paura si veda l'introduzione di Paolo Vinci a questo saggio].

nel risalire dalla reazione d'angoscia alla situazione di pericolo. Se applichiamo lo stesso metodo al problema del'angoscia reale, la sua soluzione sarà facile. Il pericolo reale è un pericolo che conosciamo, l'angoscia reale è un'angoscia di fronte [*vor*] a un tale pericolo conosciuto. L'angoscia nevrotica è angoscia di fronte a un pericolo che non conosciamo. Il pericolo nevrotico dunque deve anzitutto essere cercato; l'analisi ci ha insegnato che è il pericolo di una pulsione. Rendendo cosciente questo pericolo sconosciuto all'Io, annulliamo la differenza tra angoscia reale e angoscia nevrotica, possiamo quindi trattare quest'ultima come la prima.

Di fronte al pericolo reale sviluppiamo due reazioni, quella affettiva, l'attacco d'angoscia e l'azione di protezione. Presumibilmente di fronte al pericolo di una pulsione accade lo stesso. Conosciamo il caso del concorso adeguato [*zweckmäßig*] di entrambe le reazioni: l'una dà il segnale per far subentrare l'altra; ma conosciamo anche il caso di reazioni inadeguate allo scopo [*unzweckmäßig*], quello della paralisi da angoscia, in cui una reazione si amplia a spese dell'altra.

Vi sono casi in cui i caratteri dell'angoscia reale e dell'angoscia nevrotica si presentano mescolati. Il pericolo è conosciuto e reale, ma l'angoscia di fronte ad esso è eccessivamente grande, più grande di quanto, a nostro giudizio, dovrebbe essere. Questo eccesso tradisce l'elemento nevrotico. Ma questi casi non portano nulla di nuovo, in linea di principio. L'analisi mostra che al reale pericolo conosciuto è legato un pericolo sconosciuto di una pulsione.

Se non ci accontentiamo di ricondurre l'angoscia al pericolo riusciamo ad andare oltre. Qual è il nucleo, il significato della situazione di pericolo? Evidentemente la valutazione della nostra forza in rapporto alla grandezza del pericolo, l'ammissione della nostra impotenza nei suoi confronti, l'impotenza materiale nel caso di un pericolo reale, l'impotenza psichica nel caso di un pericolo pulsionale. Il nostro giudizio sarà in questo caso guidato da esperienze realmente vissute; se sbaglia nella sua valutazione, è irrilevante ai fini del risultato. Chiamiamo *traumatica* una tale situazione d'impotenza vissuta. Abbiamo quindi una buona ragione per distinguere la situazione traumatica dalla *situazione di pericolo*.

È un progresso importante nella nostra autoconservazione quando una tale situazione traumatica d'impotenza non è semplicemente attesa, ma diventa prevista e aspettata. La situazione che racchiude la condizione di tale attesa può essere chiamata situazione di pericolo, in essa è dato il segnale d'angoscia. Ciò significa: mi aspetto che si verifichi una situazione d'impotenza; oppure: la situazione presente mi ricorda una delle precedenti esperienze traumatiche vissute. Di conseguenza io anticipo questo trauma, voglio comportarmi come se esso fosse già presente, finché c'è ancora tempo per allontanarlo. L'angoscia è dunque, da un lato, attesa [*Erwartung*] del trauma, dall'altro, una sua attenuata ripetizione. I due caratteri che ci hanno colpito dell'angoscia hanno dunque origini differenti. La relazione dell'angoscia con l'attesa appartiene alla situazione di pericolo, la sua indeterminatezza e mancanza d'oggetto appartengono alla situazione traumatica d'impotenza, che è anticipata nella situazione di pericolo.

Secondo lo svolgimento della serie angoscia – pericolo – impotenza (trauma) possiamo così riassumere: la situazione di pericolo è la situazione d'impotenza riconosciuta, ricordata, attesa. L'angoscia è la reazione originaria all'impotenza vissuta nel trauma, reazione che quindi in seguito è riprodotta nella situazione di pericolo come segnale d'allarme. L'Io, che ha vissuto il trauma passivamente, ripete ora attivamente una riproduzione attenuata dello stesso nella speranza di poter dirigere automaticamente il suo decorso. Sappiamo che il bambino si comporta allo stesso modo nei confronti di tutte le impressioni per lui penose, riproducendole nel gioco; in questo modo, passando dalla passività all'attività, cerca di far fronte psichicamente alle impressioni della sua vita. Se questo debba essere il senso di una «abreazione» del trauma, nulla si può obiettare. Determinante è però il primo spostamento della reazione d'angoscia, dalla sua origine nella situazione d'impotenza alla sua attesa, la situazione di pericolo. Seguono poi gli ulteriori spostamenti, dal pericolo alla condizione che genera il pericolo, la perdita d'oggetto e le modificazioni già menzionate di tale perdita.

"Viziare" il bambino piccolo ha la conseguenza indesiderata che il pericolo della perdita dell'oggetto – dell'oggetto inteso come protezione contro tutte le situazioni d'impotenza – aumenta esageratamente rispetto a tutti gli altri pericoli. Ciò favorisce dunque il fermarsi all'infanzia, a un'età a cui appartengono l'impotenza motoria e psichica.

Non abbiamo finora avuto occasione di considerare l'angoscia reale diversamente da quella nevrotica. Conosciamo la differenza: il pericolo reale minaccia da un oggetto esterno, quello nevrotico da una pretesa pulsionale. Nella misura in cui tale pretesa della pulsione è qualcosa di reale, anche l'angoscia nevrotica può essere riconosciuta come fondata sulla realtà. Abbiamo capito che ciò che appare come una relazione particolarmente intima tra angoscia e nevrosi si riconduce al fatto che l'Io, grazie alla reazione d'angoscia, si difende dal pericolo pulsionale così come dal pericolo reale esterno, che però questa direzione dell'attività di difesa sbocca nella nevrosi a causa di un'imperfezione dell'apparato psichico. Ci siamo anche convinti che la pretesa pulsionale diventa un pericolo (interno), solo perché il suo soddisfacimento provocherebbe un pericolo esterno, dunque poiché questo pericolo interno rappresenta un pericolo esterno.

D'altro canto anche il pericolo esterno (reale) deve aver trovato un'interiorizzazione se deve diventare significativo per l'Io; esso deve essere riconosciuto nella sua relazione con una situazione vissuta di impotenza[3]. Una cognizione istintiva di pericoli che minacciano dall'esterno non sembra appartenere affatto, o solo in misura molto modesta, all'essere umano. I bambini piccoli fanno continuamente cose che li mettono in pericolo di vita e proprio per questo non possono fare a meno dell'oggetto protettivo. In relazione con la situazione traumatica, nei confronti della quale si è indifesi, vengono a coincidere pericolo esterno e interno, pericolo reale e pretesa pulsionale. L'Io può provare in un caso un dolore che non vuole cessare, nell'altro caso un ristagno di bisogni che non può trovare soddisfacimento, la situazione economica è identica nei due casi e lo stato di impotenza motorio trova la sua espressione nello stato di impotenza psichico.

Le enigmatiche fobie della prima infanzia meritano di essere a

[3] Può accadere abbastanza spesso che in una situazione di pericolo, valutata correttamente come tale, venga ad aggiungersi all'angoscia reale [*Realangst*] una parte di angoscia pulsionale [*Triebangst*]. La pretesa pulsionale davanti al cui soddisfacimento l'Io arretra spaventato sarebbe allora quella masochistica, l'impulso distruttivo rivolto contro la propria persona. Forse questa aggiunta spiega i casi in cui la reazione d'angoscia è eccessivamente grande, inadeguata e paralizzante. Le fobie delle altezze (finestra, torre, precipizio) potrebbero avere questa origine, il loro significato femminile inibito è legato al masochismo.

questo punto nuovamente menzionate. Alcune – essere soli, buio, estranei – siamo riusciti a concepirle come reazioni al pericolo della perdita d'oggetto; per altre – piccoli animali, temporale e simili – forse è possibile sostenere che sarebbero i residui atrofizzati di una preparazione congenita ai pericoli reali, che in altri animali è sviluppata molto chiaramente. L'unica parte di tale eredità arcaica che è conforme allo scopo per l'essere umano è quella che si riferisce alla perdita dell'oggetto. Quando tali fobie infantili si fissano, si rafforzano e perdurano fino in tarda età l'analisi dimostra che il loro contenuto è posto in collegamento con le pretese pulsionali ed è diventato rappresentanza anche di pericoli interni.

C. Angoscia, dolore e lutto

Si conosce talmente poco della psicologia dei processi emotivi che le seguenti timide osservazioni possono aver diritto alla critica più indulgente. Il problema per noi emerge in seguito. Abbiamo dovuto dire che l'angoscia nasce come reazione al pericolo della perdita d'oggetto. Ora, conosciamo già una reazione alla perdita d'oggetto: il lutto. Quando dunque tale perdita conduce all'angoscia, quando al lutto? Nel lutto, con il quale ci siamo già confrontati in precedenza[4], un aspetto rimaneva del tutto incompreso: la sua particolare dolorosità. Che la separazione dall'oggetto sia dolorosa ci sembra tuttavia naturale. Il problema quindi si complica ulteriormente: quando la separazione dall'oggetto crea l'angoscia, quando il lutto e quando forse solo il dolore?

Diciamo subito che non vi è alcuna possibilità di rispondere a queste domande. Ci limiteremo a dare alcune precisazioni e alcuni accenni.

Il nostro punto di partenza sarà di nuovo una situazione che riteniamo di conoscere, quella del lattante che invece di sua madre vede una persona estranea. Egli manifesterà dunque l'angoscia che abbiamo interpretato come pericolo della perdita d'oggetto. Tale angoscia però è ben più complicata e richiede una discussione approfondita. Sull'angoscia del lattante non c'è alcun dubbio, ma l'espressione del viso e la reazione del pianto fanno supporre che egli provi anche dolore. Sembra che in lui conflui-

[4] Si veda *Lutto e melanconia* (1915) [in *Opere 1886-1921*, cit.].

sca qualcosa che in seguito sarà separata. Il neonato non può ancora distinguere la momentanea mancanza dalla perdita duratura; se una volta non si trova davanti al viso la madre si comporta come se non dovesse più rivederla, e sono necessarie esperienze ripetute di conforto perché impari che a tali sparizioni della madre segue solitamente la sua ricomparsa. La madre fa maturare queste conoscenze così importanti per il neonato giocando con lui al gioco famoso di nascondersi il viso e di scoprirlo per la sua gioia. In tal modo il bambino può provare per così dire una nostalgia che non sia accompagnata da disperazione.

La situazione in cui il neonato avverte la mancanza della madre non è per lui una situazione di pericolo, ma, a causa del suo fraintendimento, è una situazione traumatica o, più correttamente, è una situazione traumatica se egli in quel momento prova un bisogno che la madre dovrebbe soddisfare; si trasforma in una situazione di pericolo quando questo bisogno non è attuale. La prima condizione d'angoscia, che l'Io stesso introduce, è dunque quella della perdita di percezione che è equiparata a quella della perdita d'oggetto. Una perdita d'amore non è ancora in questione. In seguito l'esperienza insegna che l'oggetto pur rimanendo presente può essere diventato cattivo per il bambino e ora la perdita d'amore da parte dell'oggetto diventa un nuovo pericolo, maggiormente persistente, e una nuova condizione d'angoscia.

La situazione traumatica della mancanza della madre si allontana in un punto decisivo dalla situazione traumatica della nascita. Allora non era presente alcun oggetto che poteva essere perso. L'angoscia restava l'unica reazione che aveva luogo. Da allora ripetute situazioni di soddisfacimento hanno creato l'oggetto della madre che adesso in caso di bisogno riceve un intenso investimento, che può essere definito "bramoso". La reazione del dolore è da riferire a questa nuova situazione. Il dolore è dunque la vera reazione alla perdita d'oggetto, l'angoscia è la reazione al pericolo che porta con sé tale perdita e, in un successivo spostamento, l'angoscia è la reazione al pericolo della perdita dell'oggetto in quanto tale.

Anche del dolore sappiamo molto poco. L'unico contenuto sicuro è dato dal fatto che il dolore – in linea di principio e di regola – nasce quando uno stimolo che colpisce la periferia irrompe nello schermo protettivo contro gli stimoli e agisce ora come un continuo stimolo pulsionale, contro il quale le reazioni muscolari, che altrimenti sono efficaci in quanto sottraggono allo stimolo i punti stimolati, restano impotenti. Quando il dolore non proviene dalla superficie corporea, ma da un organo interno, la situazione non cambia affatto; è solo una parte della periferia interna ad essere interessata al posto di quella esterna. Il bambino ha evidentemente la possibilità di fare tali esperienze di dolore che sono indipendenti dalle sue esperienze di bisogno. Questa condizione di nascita del dolore però sembra avere molte poche affinità con una perdita d'oggetto; anche il fattore, essenziale per il dolore, della stimolazione periferica è del tutto assente nella situazione di desiderio bramoso del bambino. Eppure non può essere privo di senso che la lingua abbia creato il concetto di dolore interno psichico e abbia equiparato del tutto le sensazioni della perdita d'oggetto al dolore corporeo.

Nel dolore corporeo sorge un forte investimento, che può essere chiamato narcisistico, delle parti del corpo doloranti, investimento che cresce sempre più e agisce sull'Io, in un certo senso svuotandolo. È noto che nel caso di dolori agli organi interni avvertiamo rappresentazioni spaziali e di altro genere di tali parti del corpo che altrimenti nell'immaginazione cosciente non sono affatto rappresentate. Anche il fatto singolare che quando la psiche è distratta da un interesse d'altro tipo neppure i dolori corporei più intensi sono avvertiti (non si può dire in questo caso: rimangono inconsci) si spiega con la concentrazione dell'investimento sulla rappresentanza psichica della parte del corpo dolorante. Ora sembra che l'analogia che ha permesso la trasposizione della sensazione di dolore all'ambito psichico sia questa. L'intenso investimento di desiderio, sempre crescente a causa della sua insaziabilità, sull'oggetto mancante (perduto) crea le stesse condizioni economiche dell'investimento doloroso della parte lesa del corpo e rende possibile prescindere da ciò che alla periferia determina il dolore corporeo! Il passaggio dal dolore fisico al dolore psichico corrisponde alla trasformazione di un investimento narcisistico in un investimento oggettuale. La rappresentazione d'oggetto fortemente investita dal bisogno svolge il ruolo della parte del corpo investita dall'incremento di stimoli. La continuità e l'irrefrenabilità del processo di investimento producono uno stato uguale all'impotenza psichica. Quando la sensazione di dispiacere, che allora insorge, porta il carattere specifico, non meglio descrivibile, del dolore, invece di manifestarsi nella forma di reazione dell'angoscia, è naturale rendere responsabile di ciò un fattore che è stato preso troppo poco in considerazione nella spiegazione, ossia l'alto livello delle situazioni di investimento e di legame in cui questi processi che conducono alla sensazione di dispiacere si compiono.

Conosciamo ancora un'altra reazione emotiva alla perdita d'oggetto: il lutto. La sua spiegazione non comporta però più alcuna difficoltà. Il lutto si forma sotto l'influsso dell'esame di realtà che pretende categoricamente che ci si debba separare dall'oggetto perché non c'è più. Il lutto deve compiere ora il lavoro di realizzare questo ritrarsi dall'oggetto in tutte quelle situazioni nelle quali l'oggetto era materia di un elevato investimento. Il carattere doloroso di questa separazione si adatta quindi alla spiegazione già data, essendo effetto dell'elevato e inesauribile investimento nostalgico dell'oggetto durante la riproduzione delle situazioni nelle quali il legame con l'oggetto deve essere sciolto.

Lessico dei principali termini freudiani*

Abfuhr scarica
Ablauf decorso
Abreagieren abreazione
Abwehr difesa
Abziehung ritrarsi o ritenzione
Affekt affetto
Affektbeitrag ammontare d'affetto
Affektion affezione
Affektsignal segnale affettivo
Affektzustand stato affettivo
Ambivalenz ambivalenza
Anfall attacco
Anforderung richiesta
Angst angoscia, paura (solo con riferimento a un oggetto determinato)
Ängstlichkeit ansietà
Anlehnung appoggio
Anlehnungstypus tipo per appoggio
Anregung impulso, sollecitazione
Anspruch pretesa
Aufheben cancellare, annullare
Aufhebung cancellazione, annullamento
Ausbruch attacco

Besetzung investimento
Bewußtsein coscienza
Bindung legame

Charaktersbildung formazione di carattere

Deckerinnerung ricordo di copertura
Destruktionstrieb pulsione distruttiva
Deutung interpretazione
Drang spinta
Durcharbeitung elaborazione

Einfall idea spontanea
Einschränkung limitazione
Einstellen interrompere
Einstellung posizione, atteggiamento
Empfindung sensazione
Entstellung deformazione
Erinnerungsbild immagine mnestica
Erinnerungsspur traccia mnestica
Erinnerungsreste residui mnestici
Erinnerungssystem sistema mnestico
Eros Eros
Ersatzbildung formazione sostitutiva o formazione di sostituzione
Ersetzung sostituzione
Erwartungsvorstellung rappresentazione anticipatoria
Es Es

* Tale lessico, ovviamente, non ha alcuna pretesa di esaustività, ma intende solo essere un elenco sintetico dei principali termini freudiani così come sono stati tradotti nel presente lavoro.

Fehlhandlung azione mancata
Fehlleistung atto mancato
Freie Assoziation associazione libera
Fixierung fissazione

Gedächtnislücke lacuna mnestica
Gefühl sentimento
Gefühlsregung impulso emotivo
Gegenbesetzung controinvestimento
Gegenübertragung controtransfert
Gestaltung configurazione
Gewissen coscienza morale
Gewissensangst angoscia morale
Grundregel regola fondamentale

Ich Io
Ichgestaltung formazione dell'Io
Ichideal Ideale dell'Io
Ichveränderung alterazione dell'Io
Idealich Io ideale
Identifizierung identificazione
Istanz istanza

Kastration castrazione
Krankheitsgewinn vantaggio della malattia (secondario)
Komplex complesso

Latenter Inhalt contenuto latente
Latenzzeit periodo di latenza
Leistung prestazione, opera, produzione, attività
Libido libido
Libidounterbringung collocazione libidica
Lust piacere
Lustgewinn profitto di piacere
Lustprinzip principio di piacere

Manifester Inhalt contenuto manifesto
Mischung composto
Mittelglied elemento di mediazione

Nachbild immagine derivata
Nachdrängung rimozione derivata
Narzißmuss narcisismo
Neigung tendenza, inclinazione
Neurose nevrosi

Objekt oggetto
Objektfindung ritrovamento d'oggetto
Ödipuskomplex complesso d'Edipo, o complesso edipico
Ökonomisch economico
Organlust piacere d'organo

Partialtrieb pulsione parziale
Psychische Repräsentanz rappresentanza psichica
Psychischer Konflikt conflitto psichico
Psychoanalyse psicoanalisi

Reaktionsbildung formazione reattiva
Realitätsprüfung esame di realtà
Realitätsprinzip principio di realtà
Regung impulso
Regression regressione
Reizschutz schermo protettivo contro gli stimoli
Rest residuo
Regung impulso

Sachvorstellung rappresentazione di cosa
Schuldgefühl senso di colpa
Schutzbesetzung investimento di copertura
Sekundäre Bearbeitung elaborazione secondaria

Stauung ingorgo
Sträuben opposizione
Streben tendenza
Strebung aspirazione, tendenza, spinta
Symptombildung formazione di sintomo, formazione sintomatica
Symptomgestaltung configurazione sintomatica
System Wahrnehmung-Bewußtsein sistema percezione-coscienza

Trieb pulsione
Triebanlage disposizione pulsionale
Triebentmischung scomposizione pulsionale
Triebgefähr pericolo di una pulsione, pericolo pulsionale
Triebregung moto pulsionale
Triebrepräsentanz rappresentanza pulsionale
Triebschicksal esito pulsionale, destino della pulsione

Über-ich Super-io
Überdeutung sovrainterpretazione
Übertragung transfert
Übertragungsneurose nevrosi di transfert
Umschlag rovesciamento
Umsetzung trasformazione, trasposizione
Umwandlung trasformazione
Ungeschehenmachen annullamento retroattivo
Unbewußte inconscio
Unliebsam spiacevole, sgradevole
Unterstützende Zeichen segni d'appoggio

Verdichtung condensazione
Verdrängung rimozione
Vermissen mancanza
Versagung frustrazione
Verschiebung spostamento
Versprechen lapsus verbale
Verwandlung trasformazione
Vorbewußte preconscio
Vorstellung rappresentanzione

Wiederstand resistenza
Wiederholungszwang coazione a ripetere
Wortdarstellung raffigurazione di parola, raffigurazione verbale
Wortreste residui di parola, residui verbali
Wortvorstellung rappresentazione di parola, rappresentazione verbale
Wunsch desiderio
Wunscherfüllung appagamento di desiderio

Zärtlichkeit affettuosità
Zensur censura
Ziel meta
Zwang coazione
Zug tratto, caratteristica

Elenco delle opere di Sigmund Freud

Le date della prima colonna si riferiscono all'anno della pubblicazione dell'opera originale. Quelle tra parentesi indicano l'anno in cui fu ultimata la composizione quando questo è diverso dalla data di pubblicazione.

1884	*«Über coca». Secundararzt im. k.k. Allgemeinen Krankenhause in Wien, «Zentralblatt für die gesamte Therapie», 2*	Sulla coca
1885	*«Beitrag zur Kenntniss der Coca Wirkung». Sekundararzt im k.k. Allgemeinen Krankenhause in Wien, «Wiener Medizinische Wochenschrift», 5*	Contributo alla conoscenza degli effetti della cocaina
	«Nachträge Über Coca». Sekundararzt im k.k. Allgemeinen Krankenhause in Wien. Neu, durchgesehener und vermehrter Separat-Abdruck aus dem «Zentralblatt für die gesamte Therapie», Wien	Aggiunte a «Sulla coca»
	Über die Allgemeinwirkung des Cocaïns, in «Medizinisch-chirurgisches Zentralblatt», 32	Sugli effetti generali della cocaina
1886	*Beobachtung einer hochgradigen Hemianästhesie bei einem hysterischen Manne*	Osservazione di un grave caso di emianestesia in un isterico
	Vorwort des Übersetzers zu "Neue Vorlesungen über die Krankheiten des Nervensystems, insbesondere über Hysterie" von J.-M. Charcot	Prefazione alla traduzione delle *Lezioni sulle malattie del sistema nervoso* di Charcot
1887	*Beiträge Über die Anwendung des Cocaïns, in «Wiener Medizinische Wochenschrift»*	Cocainomania e cocainofobia
	Referate: Averbeck und Weir Mitchell	Due brevi recensioni (a Averbeck e a Weir Mitchell)
1887-1888	*Zwei Kurzreferate über Hypnotismus*	Due brevi note sull'ipnotismo
	Referat über Berkhan "Versuche, die Taubstummheit zu bessern und die Erfolge dieser Versuche" (1887)	Recensione a *Esperimenti per migliorare il sordomutismo e risultati di questi esperimenti* di Berkhan
	Referat über Obersteiner, "Der Hypnotismus" mit besonderer Berücksichtigung seiner klinischer und forensischer Bedeutung (1887)	Recensione a *L'ipnotismo con speciale considerazione del suo significato clinico e forense* di Obersteiner, Wien 1887
1888	*Hysterie (Hysteroepilepsie)*	Isteria (in appendice: Isteroepilessia)

1888-1893	*Hypnotismus und Suggestion*	Scritti su ipnosi e suggestione
	Vorrede des Übersetzers zu "Die Suggestion und ihre Heilwirkung" von Hippolyte Bernheim (1888)	Introduzione alla traduzione di *Sulla suggestione* di Hippolyte Bernheim
	Referat über "Der Hypnotismus" von August Forel (1889)	Recensione a *L'ipnotismo* di August Forel
	Psychische Behandlung (Seelenbehandlung) (1890)	Trattamento psichico (Trattamento dell'anima)
	Hypnose (1891)	Ipnosi
	Ein Fall von hypnotischer Heilung (1892)	Un caso di brillante trattamento ipnotico
1892	*Bericht über einen Vortrag "Über Hypnose und Suggestion"*	Relazione su una conferenza *Su ipnosi e suggestione*
1892-1894	*Vorwort und Anmerkungen des Übersetzers zu "Poliklinische Vorträge" von J.-M. Charcot*	Prefazione e note alla traduzione delle *Lezioni del martedì della Salpêtrière* di J.-M. Charcot
1893	*Charcot*	Charcot
	Quelques considérations pour une étude comparative des paralysies motrices organiques et hystériques	Qualche indicazione per uno studio comparato delle paralisi motorie organiche e isteriche
	Über den psychischen Mechanismus hysterischer Phänomene	Il meccanismo psichico dei fenomeni isterici
1893-1895	*Studien über Hysterie* (1892-1895)	Studi sull'isteria
1894	*Die Abwehr-Neuropsychosen*	Le neuropsicosi di difesa
1895	*Autoreferat des Vortrags "Mechanismus der Zwangsvorstellungen und Phobien"*	Autorecensione della conferenza *Meccanismo delle ossessioni e fobie*
	Besprechung von A. Hegar, "Der Geschlechtstrieb: Eine sozial-medizinische Studie"	Recensione a *La pulsione sessuale: uno studio medico-sociale* di A. Hegar, Stuttgart 1884
	Besprechung von P.J. Möbius, "Die Migräne"	Recensione a *L'emicrania* di P.J. Moebius, Wien 1894
	Obsessions et phobies	Ossessioni e fobie
	Über die Berechtigung, von der Neurasthenie einen bestimmten Symptomenkomplex als "Angstneurose" abzutrennen	Opportunità di distinguere dalla nevrastenia una particolare sindrome con il nome di "nevrosi d'angoscia"
	Zur Kritik der "Angstneurose"	Risposta alle critiche alla "nevrosi d'angoscia"
	Zwei zeitgenössische Berichte über den dreiteiligen Vortrag "Uber Hysterie"	Due resoconti della conferenza in tre parti *Sull'isteria*
1896	*L'hérédité et l'étiologie des névroses*	Ereditarietà ed etiologia delle nevrosi
	Weitere Bemerkungen über die Abwehr-Neuropsychosen	Ulteriori osservazioni sulle neuropsicosi di difesa
	Zur Ätiologie der Hysterie	Sull'etiologia dell'isteria
1897	*Inhaltsangaben der wissenschaftlichen Arbeiten des Privatdozenten Dr. Sigmund Freud, 1877-1897*	Sommari dei lavori scientifici del libero docente dottor Sigmund Freud, 1877-1897

1898	*Die Sexualität in der Ätiologie der Neurosen*	La sessualità nell'etiologia delle nevrosi
	Zum psychischen Mechanismus der Vergesslichkeit	Meccanismo psichico della dimenticanza
1899	*Über Deckerinnerungen*	Ricordi di copertura
1900	*Die Traumdeutung* (1899)	L'interpretazione dei sogni
1901	*Autobiographische Notiz* (1899)	Nota autobiografica
	Über den Traum (1900)	Il sogno
	Zur Psychopathologie des Alltagslebens	Psicopatologia della vita quotidiana
1903-1904	*Aufzeichnungen über "Neue freie Presse"*	Noterelle sulla «Neue freie Presse»
1904	*Die Freudsche psychoanalytische Methode* (1903)	Il metodo psicoanalitico di Freud
	Referat über "Die psychischen Zwangserscheinungen" von Leopold Löwenfeld	Recensione a *I fenomeni psichici di coazione* di Leopold Löwenfeld
1905	*Besprechung von R. Wichmann, "Lebensregeln für Neurastheniker"*	Recensione a *Regole di vita per nevrastenici* di R. Wichmann, Berlin 1903
	Bruchstück einer Hysterie-Analyse (1901)	«Il caso di Dora». Frammento di analisi di un caso di isteria
	Der Witz und seine Beziehung zum Unbewussten	Il motto di spirito e la sua relazione con l'inconscio
	Drei Abhandlungen zur Sexualtheorie	Tre saggi sulla sessualità
	Über Psychotherapie (1904)	La psicoterapia
1906	*Meine Ansichten über die Rolle der Sexualität in der Ätiologie der Neurosen* (1905)	Le mie opinioni sulla parte svolta dalla sessualità nell'etiologia delle nevrosi
	Tatbestandsdiagnostik und Psychoanalyse	La psicoanalisi e l'accertamento dei fatti nei procedimenti legali
	Vorwort zur ersten Auflage der "Sammlung kleiner Schriften zur Neurosenlehre aus den Jahren 1893-1906"	Prefazione alla prima edizione della *Raccolta di brevi scritti sulla teoria delle nevrosi 1893-1906*
1907	*Antwort auf eine Rundfrage "Vom Lesen und von guten Büchern"*	Risposta a un questionario sulla lettura e sui buoni libri
	Der Wahn und die Träume in Wilhelm Jensens "Gradiva" (1906)	Delirio e sogni nella *Gradiva* di Jensen
	Prospekt für die Reihe "Schriften zur angewandten Seelenkunde"	Prospetto per la collana «Scritti di psicologia applicata»
	Zur sexuellen Aufklärung der Kinder	L'istruzione sessuale dei fanciulli
	Zwangshandlungen und Religionsübungen	Comportamenti ossessivi e pratiche religiose
1908	*Charakter und Analerotik*	Carattere ed erotismo anale
	Der Dichter und das Phantasieren (1907)	Il poeta e la fantasia

	Die "kulturelle" Sexualmoral und die moderne Nervosität	La morale sessuale "civile" e il nervosismo moderno
	Hysterische Phantasien und ihre Beziehung zur Bisexualität	Fantasie isteriche e loro rapporti con la bisessualità
	Vorwort zu "Nervöse Angstzustände und ihre Behandlung" von Dr. Wilhelm Stekel	Prefazione a *Stati d'angoscia nervosa e loro trattamento* di Wilhelm Stekel
1909	*Allgemeines über den hysterischen Anfall* (1908)	Osservazioni generali sull'attacco isterico
	Analyse der Phobie eines fünfjährigen Knaben (1908)	«Il caso del piccolo Hans». Analisi di una fobia in un bambino di cinque anni
	Bemerkungen über einen Fall von Zwangsneurose. (Arbeitsnotizen, 1907-08)	«Il caso dell'uomo dei topi». Osservazioni su un caso di nevrosi ossessiva. (In appendice gli appunti di lavoro 1907-1908)
	Der Familienroman der Neurotiker (1908)	Il romanzo familiare del nevrotico
	Über infantile Sexualtheorien (1908)	Teorie sessuali infantili
1910	*Beispiele des Verrats pathogener Phantasien bei Neurotikern*	Due casi di fantasie patogene rivelate da nevrotici
	Brief and Dr. Friedrich S. Krauss über die "Anthropophyteia"	Lettera al dottor Friedrich S. Krauss su «Anthropophyteia»
	Die psychogene Sehstörung in psychoanalytischen Auffassung	I disturbi psicogeni della vista nella concezione psicoanalitica
	Die zukünftigen Chancen der psychoanalytischer Auffassung	Prospettive future della terapia psicoanalitica
	Eine Kindheitserinnerung des Leonardo da Vinci	Un ricordo d'infanzia di Leonardo da Vinci
	Referat: Wilhelm Neutra, "Briefe an nervöse Frauen"	Recensione a *Lettere a donne nervose* di Wilhelm Neutra
	Über den Gegensinn der Urworte	Significato antitetico delle parole primitive
	Über Psychoanalyse (1909)	Sulla psicoanalisi. Cinque conferenze
	Über "wilde" Psychoanalyse	La psicoanalisi selvaggia
	Vorwort zu "Lélekelemzés, értekezések a pszichoanalisis köreböl, irta Dr. Ferenczi Sándor" (1909)	Prefazione a *Psicoanalisi: saggi nel campo della psicoanalisi* di Sándor Ferenczi
	Zur Einleitung der Selbstmord-Diskussion. Schlusswort	Contributi a una discussione sul suicidio
1910-1918	*Beiträge zur Psychologie des Liebeslebens:* *1. Über einen beionderen Typus der Objektwahl beim Manne* (1910); *2. Über die allgemeinste Erniedrigung des Liebeslebens* (1912); *3. Das Tabu der Virginität* (1917)	Contributi alla psicologia della vita amorosa: 1. Un particolare tipo di scelta oggettuale nell'uomo; 2. Sulla tendenza universale alla devalorizzazione della vita amorosa; 3. Il tabù della verginità
1911	*Besprechung von G. Greve, "Sobre psicologia y psicoterapia de ciertos estados angustiosos"*	Recensione a *Sulla psicologia e psicoterapia di alcuni stati d'angoscia* di G. Greve, 1910

	Die Bedeutung der Vokalfolge	Il significato della successione delle vocali
	Formulierungen über die zwei Prinzipien des psychischen Geschehens	Precisazioni su due princìpi dell'accadere psichico
	"Gross ist die Diana der Epheser"	«Grande è la Diana degli Efesini»
	Psychoanalytische Bemerkungen über einen autobiographisch beschriebenen Fall von Paranoia (Dementia paranoides) (1910)	«Il caso di Schreber». Osservazioni psicoanalitiche sul resoconto autobiografico di un caso di paranoia (dementia paranoides)
1911-1912	*Zur Technik der Psychoanalyse*	Consigli di tecnica della psicoanalisi
	Die Handhabung der Traumdeutung in der Psychoanalyse (1911)	L'impiego dell'interpretazione dei sogni in psicoanalisi
	Zur Dynamik der Übertragung (1912)	La dinamica del transfert
	Ratschläge für den Arzt bei der psychoanalytischen Behandlung (1912)	Raccomandazioni al medico sul trattamento psicoanalitico
1912	*A Note on the Unconscious in Psychoanalysis*	Nota sull'inconscio in psicoanalisi
	Anmerkung zu Ernest Jones, "Psycho-Analyse Roosevelts"	Nota a Ernest Jones, *Psicoanalisi di Roosevelt*
	Nachfrage des Herausgebers über Kindheitsträume	Richiesta del direttore intorno ai sogni dell'infanzia
	Über neurotische Erkrankungstypen	Modi tipici di instaurarsi delle nevrosi
	Zur Einleitung der Onanie-Diskussion. Schlusswort	Contributi a una discussione sulla masturbazione
1913	*Das Interesse an der Psychoanalyse*	L'interesse per la psicoanalisi
	Das Motiv der Kästchenwahl	Il motivo della scelta degli scrigni
	Die Disposition zur Zwangsneurose	La disposizione alla nevrosi ossessiva
	Ein Traum als Beweismittel	Un sogno come mezzo di prova
	Erfahrungen und Beispiele aus der analytischen Praxis	Osservazioni ed esempi desunti dalla pratica psicoanalitica
	Geleitwort zu "Der Unrat in Sitte, Brauch, Glauben und Gewohnheitsrecht der Völker" von John Gregory Bourke	Prefazione a *L'elemento scatologico negli usi, costumi, credenze e abitudini* di J. G. Bourke
	Geleitwort zu "Die psychoanalytische Methode" von Dr. Oskar Pfister, Zürich	Prefazione a *Il metodo psicoanalitico* di Oskar Pfister
	Kindheitsträume mit spezieller Bedeutung	Sogni dell'età infantile con speciale significato
	Märchenstoffe in Träumen	Materiale fiabesco dei sogni
	On Psycho-analysis (1911)	Sulla psicoanalisi
	Totem und Tabu. Einleitungspassagen zu "Über einige Übereinstimmungen im Seelenleben der Wilden und der Neurotiker" (1912)	Totem e tabù. Alcune concordanze nella vita psichica del selvaggi e dei nevrotici

	Vorwort zu "Die psychischen Störungen der männlichen Potenz" von Dr. Maxim. Steiner	Prefazione a *I disturbi psichici dell'impotenza maschile* del dott. M. Steiner
	Zwei Kinderlügen	Due bugie infantili
1913-1915	*Weitere Ratschläge zur Technik der Psychoanalyse:* *1. Zur Einleitung der Behandlung* (1913); *2. Erinnern, Wiederholen und Durcharbeiten* (1914); *3. Bemerkungen über die Übertragungsliebe* (1914)	Nuovi consigli sulla tecnica psicoanalitica: 1. L'inizio del trattamento; 2. Ricordare, ripetere, elaborare; 3. Osservazioni sull'amore di transfert
1914	*Der Moses des Michelangelo* (1913)	Il Mosè di Michelangelo
	Über fausse reconnaissance ("déjà raconté") während der psychoanalytischen Arbeit (1913)	Falso riconoscimento ("Dejà raconté") nel trattamento psicoanalitico
	Zur Einführung des Narzissmus	Introduzione al narcisismo
	Zur Geschichte der psychoanalytischen Bewegung	Storia del movimento psicoanalitico
	Zur Psychologie des Gymnasiasten	Psicologia del ginnasiale
1915	*Metapsychologie: Triebe und Triebschicksale; Die Verdrängung; Das Unbewusste*	Metapsicologia: Pulsioni e loro destini; La rimozione; L'inconscio
	Mitteilung eines der psychoanalytischen Theorie widersprechenden Falles von Paranoia	Un caso di paranoia in contrasto con la teoria psicoanalitica della malattia
	Zeitgemässes über Krieg und Tod	Considerazioni attuali sulla guerra e sulla morte
1916	*Eine Beziehung zwischen einem Symbol und einem Symptom*	Una relazione tra simbolo e sintomo
	Einige Charaktertypen aus der psychoanalytischen Arbeit	Alcuni tipi di carattere tratti dal lavoro psicoanalitico
	Mythologische Parallele zu einer plastischen Zwangsvorstellung	Parallelo mitologico di una rappresentazione ossessiva plastica
	Vergänglichkeit (1915)	Sulla precarietà
1916-1917	*Vorlesungen zur Einführung in die Psychoanalyse* (1915-1917)	Introduzione alla psicoanalisi
1917	*Eine Kindheitserinnerung aus "Dichtung und Wahrheit"*	Un ricordo d'infanzia da *Poesia e verità* di Goethe
	Eine Schwierigkeit der Psychoanalyse (1916)	Una difficoltà della psicoanalisi
	Metapsychologische Ergänzung zur Traumlehre (1915)	Supplemento metapsicologico alla teoria del sogno
	Trauer und Melancholie (1915)	Lutto e melancolia
	Über Triebumsetzungen, insbesondere der Analerotik (1915)	Sulle trasformazioni pulsionali in particolare nell'erotismo anale
1918	*Aus der Geschichte einer infantilen Neurose* (1914)	«Il caso dell'uomo dei lupi». Dalla storia di una nevrosi infantile

1919	*Brief an Frau Dr. Hermine von Hug-Hellmuth* (1915)	Lettera alla dottoressa Hermine von Hug-Hellmuth
	Das Unheimliche	Il perturbante
	"Ein Kind wird geschlagen"	"Un bambino viene battuto"
	Einleitung zu "Zur Psychoanalyse der Kriegsneurosen"	Introduzione a *Psicoanalisi delle nevrosi di guerra*
	E.T.A. Hoffmann über die Bewusstseinsfunktion	E.T.A. Hoffmann sulla funzione della coscienza
	Internationaler Psychoanalytischer Verlag und Preiszuteilungen für psychoanalytische Arbeiten	Pubblicazione e premiazione di lavori psicoanalitici
	James J. Putnam †	Necrologio di J.J. Putnam
	Kell-e az egyetemen a psychoanalysist tanitani? (1918)	Bisogna insegnare la psicoanalisi nelle università?
	Victor Tausk †	Necrologio di V. Tausk
	Vorrede zu "Probleme der Religionspsychologie" von Dr. Theodor Reik	Il rituale. Prefazione a *Problemi di psicologia religiosa* di Theodor Reik
	Wege der psychoanalytischen Therapie (1918)	Vie della terapia psicoanalitica
1920	*Dr. Anton von Freund*	Il dottor Anton von Freund
	Ergänzungen zur Traumlehre	Complementi alla teoria del sogno
	Gedankenassoziation eines vierjährigen Kindes	Associazione d'idee di una bambina di quattro anni
	Jenseits des Lustprinzips	Al di là del principio del piacere
	Über die Psychogenese eines Falles von weiblicher Homosexualität	Psicogenesi di un caso di omosessualità in una donna
	Zur Vorgeschichte der analytischen Technik	Preistoria della tecnica analitica
1921	*Auszug eines Briefs an Claparède* (1920)	Estratto di una lettera a Claparède
	Introduction to J. Varendonck, "The Psychology of Day-Dreams"	Prefazione a *La psicologia dei sogni a occhi aperti* di J. Varendonck
	Massenpsychologie und Ich-Analyse	Psicologia collettiva e analisi dell'Io
	Preface to "Addresses on Psycho-Analysis" by J.J. Putnam	Prefazione a *Discorsi di psicoanalisi* di J.J. Putnam
	Preisausschreibung	Premiazioni
1922	*Etwas vom Unbewussten*	Qualche parola sull'inconscio
	Preiszuteilungen	Concorso a premio
	Traum und Telepathie (1921)	Sogno e telepatia
	Über einige neurotische Mechanismen bei Eifersucht, Paranoia und Homosexualität (1921)	Alcuni meccanismi nevrotici nella gelosia, paranoia e omosessualità
	Vorwort zu "La méthode psychanalytique" von Raymond de Saussure	Prefazione a *Il metodo psicoanalitico* di Raymond de Saussure
1923	*Bemerkungen zur Theorie und Praxis der Traumdeutung* (1922)	Osservazioni sulla teoria e pratica dell'interpretazione dei sogni

	Brief an Luis López-Ballesteros y de Torres	Lettera a Luis López-Ballesteros y de Torres
	Das Ich und das Es (1922)	L'Io e l'Es
	Die infantile Genitalorganisation	L'organizzazione genitale infantile
	Dr. Ferenczi Sándor (Zum 50. Geburtstag)	Il dottor Sándor Ferenczi (per il cinquantesimo compleanno)
	Eine Teufelsneurose im siebzehnten Jahrhundert (1922)	Una nevrosi demoniaca nel secolo decimosettimo
	Josef Popper-Lynkeus und die Theorie des Traumes	Josef Popper-Lynkeus e la teoria del sogno
	"Psychoanalyse" und "Libidotheorie" (1922)	Due voci di enciclopedia: *Psicoanalisi* e *Teoria della libido*
	Vorwort zu Max Eitingon, "Bericht über die Berliner psychoanalytische Poliklinik"	Prefazione a *Rapporto sul Policlinico psicoanalitico di Berlino* di Max Eitingon
1924	*Brief an Fritz Wittels* (1923)	Lettera a Fritz Wittels
	Das ökonomische Problem des Masochismus	Il problema economico del masochismo
	Der Realitätsverlust bei Neurose und Psychose	La perdita di realtà nella nevrosi e nella psicosi
	Der Untergang des Ödipuskomplexes	Il tramonto del complesso edipico
	Kurzer Abriss der Psychoanalyse (1923)	Breve compendio di psicoanalisi
	Lettre à "Le Disque vert"	Lettera alla rivista «Le Disque vert»
	Mitteilung des Herausgebers	Comunicazione del direttore sui mutamenti nella direzione della «Zeitschrift»
	Neurose und Psychose (1923)	Nevrosi e psicosi
1925	*Brief an den Herausgeber der "Jüdischen Presszentrale Zürich"*	Lettera al direttore del periodico «Jüdische Presszentrale Zürich»
	Die Verneinung	La negazione
	Die Widerstände gegen die Psychoanalyse (1924)	Le resistenze alla psicoanalisi
	Einige Nachträge zum Ganzen der Traumdeutung	Alcune aggiunte d'insieme alla *Interpretazione dei sogni*
	Einige psychische Folgen des anatomischen Geschlechtsunterschieds	Alcune conseguenze psichiche della differenza anatomica tra i sessi
	Geleitwort zu "Verwahrloste Jugend" von August Aichhorn	Prefazione a *Gioventù traviata* di August Aichhorn
	Josef Breuer †	Necrologio di Josef Breuer
	Notiz über den "Wunderblock" (1924)	Nota sul "notes magico"
	Selbstdarstellung (1924)	Autobiografia
	To the Opening of the Hebrew University	In occasione dell'inaugurazione dell'Università ebraica
1926	*An Romain Rolland*	A Romain Rolland

	Anmerkung über Ewald Hering	Nota su Ewald Hering
	Bemerkung zu E. Pickworth Farrow's "Eine Kindheitserinnerung aus dem 6. Lebensmonat"	Premessa a un articolo di E. Pickworth Farrow
	Die Frage der Laienanalyse	Il problema dell'analisi condotta da non medici
	Dr. Reik und die Kurpfuschereifrage	Il dottor Reik e il problema dei guaritori empirici
	Hemmung, Symptom und Angst (1925)	Inibizione, sintomo e angoscia
	Karl Abraham †	Necrologio di Karl Abraham
	Psycho-Analysis (1925)	Psicoanalisi
1927	*Der Humor*	L'umorismo
	Die Zukunft einer Illusion	L'avvenire di un'illusione
	Fetischismus	Feticismo
1928	*Dostojewski und die Vatertötung* (1927)	Dostoevskij e il parricidio
	Ein religiöses Erlebnis (1927)	Un'esperienza religiosa
1929	*Brief an Maxime Leroy über einen Traum des Cartesius*	Un sogno di Cartesio: lettera a Maxime Leroy
	Dr. Ernest Jones (Zum 50. Geburtstag)	Il dottor Ernest Jones (per il cinquantesimo compleanno)
1930	*Auszug eines Briefs an Theodor Reik* (1929)	Estratto di una lettera a Theodor Reik
	Das Unbehagen in der Kultur (1929)	Il disagio della civiltà
	Geleitwort zu "The Medical Review of Reviews", vol. 36	Prefazione a un numero speciale di «The Medical Review of Reviews»
	Goethe-Preis 1930	Premio Goethe 1930
	Vorwort zu "Zehn Jahre Berliner Psychoanalytisches Institut"	Prefazione a *Dieci anni dell'Istituto psicoanalitico di Berlino*
1931	*Brief an den Bürgermeister der Stadt Příbor*	Lettera al borgomastro di Příbor
	Brief an Georg Fuchs	Lettera a Georg Fuchs
	Brief an Professor Tandler	Lettera al professor Tandler
	Das Fakultätsgutachten im Prozess Halsmann (1930)	La perizia della Facoltà medica nel processo Halsmann
	Geleitwort zu "Elementi di psicoanalisi" von Edoardo Weiss (1930)	Prefazione a *Elementi di psicoanalisi* di Edoardo Weiss
	Über die weibliche Sexualität	Sessualità femminile
	Über libidinöse Typen	Tipi libidici
1932	*Geleitwort zu "Allgemeine Neurosenlehre auf psychoanalytischer Grundlage" von Hermann Nunberg* (1931)	Prefazione a *Teoria generale delle nevrosi secondo i principi psicoanalitici* di Hermann Nunberg
	Meine Berührung mit Josef Popper-Lynkeus	I miei rapporti con Josef Popper-Lynkeus
	Zur Gewinnung des Feuers (1931)	L'acquisizione del fuoco

1933	*Brief an Siegfried Hessing* (1932)	Lettera a Siegfried Hessing
	Neue Folge der Vorlesungen zur Einführung in die Psychoanalyse (1932)	Introduzione alla psicoanalisi (Seconda serie di lezioni)
	Sándor Ferenczi †	Necrologio di Sándor Ferenczi
	Vorwort zu "Edgar Poe, étude psychanalytique", von Marie Bonaparte	Prefazione a *Edgar Poe, studio psicoanalitico* di Marie Bonaparte
	Warum Krieg? (1932)	Perché la guerra?
1935	*Die Feinheit einer Fehlhandlung*	La finezza di un'azione mancata
	Thomas Mann zum 60. Geburtstag	A Thomas Mann per il suo sessantesimo compleanno
1936	*Brief an Romain Rolland: Eine Erinnerungsstörung auf der Akropolis*	Un disturbo della memoria sull'Acropoli: lettera aperta a Romain Rolland
	Geleitwort zu "Handwörterbuch der Psychoanalyse" von Richard Sterba (1932)	Prefazione al *Piccolo dizionario di psicoanalisi* di Richard Sterba
	Vorwort zur tschechischen Ausgabe der "Vorlesungen zur Einführung in die Psychoanalyse" (1935)	Prefazione all'edizione ceca delle lezioni di *Introduzione alla psicoanalisi*
	Zum Ableben Professor Brauns	Necrologio di Ludwig Braun
1937	*Die endliche und die unendliche Analyse*	Analisi terminabile e interminabile
	Konstruktionen in der Analyse	Costruzioni nell'analisi
	Lou Andreas-Salomé †	Necrologio di Lou Andreas-Salomé
1937-1938	*Der Mann Moses und die monotheistische Religion: Drei Abhandlungen* (1934-1938)	Mosè e il monoteismo: tre saggi
1938	*Anti-semitism in England*	Antisemitismo in Inghilterra
	Ein Wort zum Antisemitismus	Una parola sull'antisemitismo
1940	*Abriss der Psychoanalyse* (1938)	Compendio di psicoanalisi
	Das Medusenhaupt (1922)	La testa di Medusa
	Die Ichspaltung im Abwehrvorgang (1938)	La scissione dell'Io nel processo di difesa
	Einführung zu Yisrael Doryon, "Lynkeus' New State" (1938)	Prefazione a Yisrael Doryon, *Il nuovo Stato di Lynkeus*
1940-1941	*Beiträge zu "Vorläufige Mitteilung"* (1892)	Abbozzi per la *Comunicazione preliminare* (poi I cap. di *Studi sull'isteria*)
1941	*Ansprache an die Mitglieder des Vereins B'nai B'rith* (1926)	Discorso ai membri della Associazione B'nai B'rith
	Eine erfüllte Traumahnung (1899)	Un presentimento onirico avveratosi
	Ergebnisse, Ideen, Probleme (1938)	Risultati, idee, problemi
	Psychoanalyse und Telepathie (1921)	Psicoanalisi e telepatia
	Some Elementary Lessons in Psycho-Analysis (1938)	Alcune lezioni elementari di psicoanalisi
1942	*Psychopathische Personen auf der Bühne* (1905)	Personaggi psicopatici sulla scena

1945-1946	*Auszüge aus zwei Briefen an Yisrael Doryon* (1938)	Estratti di due lettere a Yisrael Doryon
1950	*Abhandlungen an Wilhelm Fliess* (1892-1897)	Minute teoriche per Wilhelm Fliess
	Entwurf einer Psychologie (1895)	Progetto di una psicologia
1954	*Brief an Israel Cohen* (1938)	Lettera a Israel Cohen
1955	*Brief an Juliette Boutonier* (1930)	Lettera a Juliette Boutonier
	Gutachten über die elektrische Behandlung der Kriegsneurotiker (1920)	Promemoria sul trattamento elettrico dei nevrotici di guerra
1958	*Brief an D.E. Oppenheim* (1909)	Lettera a D.E. Oppenheim
	Träume im Folklore (1911)	Sogni nel folklore (in collaborazione con D. E. Oppenheim)
1960	*Bericht über meine Studienreise nach Paris und Berlin* (1886)	Relazione sui miei viaggi di studio a Parigi e a Berlino
	Habilitationsgesuch, Curriculum vitae, Lehrplan, Reisestipendiumgesuch (1885)	Curriculum vitae
1966	*Einleitung zu "Thomas Woodrow Wilson. Eine psychologische Studie"* (1930)	Introduzione allo studio psicologico su Thomas Woodrow Wilson
1978	*Vier Documente über den Fall "Nina R."* (1891-1894)	Quattro documenti sul caso «Nina R.» (con Josef Breuer)
1985	*Übersicht der Übertragungsneurosen* (1915)	Sintesi generale delle nevrosi di traslazione
1987	*Drei Briefe an Georg Hermann* (1936)	Tre lettere a Georg Hermann
1989	*Einweisungsschreiben "Mathilde S."* (1889)	Due documenti sul caso «Mathilde S.»
1990	*Wir und der Tod* (1915)	Noi e la morte

Indice

Grandi Tascabili Economici, sezione dei Paperbacks
Pubblicazione settimanale, 4 gennaio 2010
Direttore responsabile: Raffaello Avanzini
Registrazione del Tribunale di Roma n. 16024 del 27 agosto 1975
Fotocomposizione: Corpotre, Roma
Stampato per conto della Newton Compton editori s.r.l., Roma
presso Puntoweb s.r.l., Ariccia (RM)

Opere di Sigmund Freud in queste edizioni

Grandi Tascabili Economici

Casi clinici
Freud e la psicoanalisi
L'interpretazione dei sogni
Il motto di spirito e la sua relazione con l'inconscio
Ossessioni, fobie e paranoia
La psicoanalisi
Psicoanalisi dell'arte e della letteratura
La psicoanalisi infantile
Psicoanalisi dell'isteria e dell'angoscia
Psicoanalisi della società moderna
Psicopatologia della vita quotidiana
Psicologia e metapsicologia
Sessualità e vita amorosa
Il sogno – Scritti su ipnosi e suggestione
Sulla cocaina
Totem e tabù e altri saggi di antropologia

Nuova serie a cura di Roberto Finelli e Paolo Vinci:

L'avvenire di un'illusione – Il disagio della civiltà
Introduzione alla psicoanalisi. Prima e seconda serie di lezioni
L'Io e l'Es – Inibizione, sintomo e angoscia
Mosè e il monoteismo: tre saggi

I Mammut

Opere 1886/1921

Tascabili Deluxe

Introduzione al narcisismo, presentato da Antonio Pascale

Grandi Tascabili Economici

2. **Pablo Neruda**, *Poesie* (testo spagnolo a fronte)
3. **M. K. Gandhi**, *La mia vita per la libertà*
4. **Albert Einstein**, *Come io vedo il mondo – La teoria della relatività*
5. **Rabindranath Tagore**, *Poesie. Gitanjali – Il Giardiniere*
7. **Erich Fromm**, *Psicoanalisi dell'amore*
8. **Edgar Lee Masters**, *Antologia di Spoon River* (testo inglese a fronte)
9. **Hermann Hesse**, *Leggende e fiabe*
10. **Friedrich Wilhelm Nietzsche**, *Così parlò Zarathustra*
13. **Sigmund Freud**, *Psicopatologia della vita quotidiana*
16. **Hermann Hesse**, *Peter Camenzind, Gertrud, Rosshalde, Demian*
17. **William Shakespeare**, *I sonetti* (testo inglese a fronte)
18. **Friedrich Wilhelm Nietzsche**, *Al di là del bene e del male*
20. **Charles Baudelaire**, *I fiori del male e tutte le poesie* (testo francese a fronte)
22. **Sigmund Freud**, *Sessualità e vita amorosa*
23. **Hermann Hesse**, *Poesie d'amore* (testo tedesco a fronte)
25. **Bertrand Russell**, *Introduzione alla filosofia matematica*
26. **Arthur Rimbaud**, *Tutte le poesie* (testo francese a fronte)
28. **Charles Darwin**, *L'origine delle specie*
31. **Sigmund Freud**, *La psicoanalisi*
32. **Rabindranath Tagore**, *Poesie d'amore*
34. **Carl Gustav Jung**, *La psicologia dell'inconscio*
35. **Paul Verlaine**, *Poesie* (testo francese a fronte)
36. **Edgar Allan Poe**, *Tutti i racconti del mistero, dell'incubo e del terrore*
37. **Friedrich Wilhelm Nietzsche**, *L'Anticristo, Crepuscolo degli idoli, Ecce homo*
38. **Gibran Kahlil Gibran**, *Il profeta – Il Giardino del Profeta* (testo inglese a fronte)
41. **Giacomo Leopardi**, *Canti*
42. **Hermann Hesse**, *Viaggio in India* (*Viaggio in India, Memorie di viaggio, Racconti indiani, Poesie sull'India*)
43. **Bertrand Russell**, *I princìpi della matematica*
46. **Erich Fromm**, *Personalità, libertà, amore – La missione di Sigmund Freud*
48. **Hermann Hesse**, *Amicizia e altri racconti*
49. **Charles Darwin**, *L'origine dell'uomo e la selezione sessuale*
52. **Sigmund Freud**, *La psicoanalisi infantile*
54. **Thomas Mann**, *La morte a Venezia – Cane e padrone – Tristano – Tonio Kröger*
55. **Edouard Schuré**, *I grandi iniziati. Breve storia segreta delle religioni*
58. **Sigmund Freud**, *Totem e tabù e altri saggi di antropologia*
59. **Stéphane Mallarmé**, *Tutte le poesie* (testo francese a fronte)
61. **Friedrich Wilhelm Nietzsche**, *Aurora. Pensieri sui pregiudizi morali*
64. **Friedrich Wilhelm Nietzsche**, *Umano, troppo umano. Un libro per spiriti liberi*

65. **Edgar Lee Masters**, *Il nuovo Spoon River* (testo inglese a fronte)
66. **Hermann Hesse**, *Romanzi brevi* (*Sotto la ruota, Knulp, L'ultima estate di Klingsor, Klein e Wagner*)
67. **Sigmund Freud**, *Sulla cocaina*
68. **Edgar Allan Poe**, *Il Corvo e tutte le poesie* (testo inglese a fronte)
78. **Ambrogio Donini**, *Breve storia delle religioni*
92. **Sigmund Freud**, *Il sogno – Scritti su ipnosi e suggestione*
93. **William Blake**, *Poesie* (testo inglese a fronte)
95. **Carl Gustav Jung**, *Psicologia dei fenomeni occulti*
101. **Friedrich Wilhelm Nietzsche**, *Verità e menzogna – La nascita della tragedia – La filosofia nell'età tragica dei Greci*
102. **Guillaume Apollinaire**, *Poesie d'amore* (testo francese a fronte)
104. **Sigmund Freud**, *Psicoanalisi della società moderna*
105. **Saffo**, *Poesie* (testo greco a fronte)
107. **Voltaire**, *Dizionario filosofico*
108. **John Keats**, *Poesie. Odi e Sonetti*
110. **Henri Pirenne**, *Storia d'Europa dalle invasioni al XVI secolo*
111. **Percy Bysshe Shelley**, *Poesie* (testo inglese a fronte)
116. **Eschilo**, *Tutte le tragedie*
117. **Sofocle**, *Tutte le tragedie*
118. **Euripide**, *Tutte le tragedie*, vol. I
119. **Euripide**, *Tutte le tragedie*, vol. II
I 4 volumi dei *Tragici greci* sono disponibili anche in cofanetto.
122. **Sigmund Freud**, *Il motto di spirito e la sua relazione con l'inconscio*
123. **Emily Dickinson**, *Poesie* (testo inglese a fronte)
125. **Carl Gustav Jung**, *Freud e la psicoanalisi*
128. **Gaio Valerio Catullo**, *Le poesie. Carmina* (testo latino a fronte)
129. **M.K. Gandhi**, *Il mio credo, il mio pensiero*
135. **Tito Maccio Plauto**, *Le commedie*, vol. I (*Amphitruo, Asinaria, Aulularia, Bacchides*) (testo latino a fronte)
136. **Tito Maccio Plauto**, *Le commedie*, vol. II (*Captivi, Casina, Cistellaria, Curculio, Epidicus*) (testo latino a fronte)
137. **Tito Maccio Plauto**, *Le commedie*, vol. III (*Menaechmi, Mercator, Miles gloriosus, Mostellaria*) (testo latino a fronte)
138. **Tito Maccio Plauto**, *Le commedie*, vol. IV (*Persa, Poenulus, Pseudolus*) (testo latino a fronte)
139. **Tito Maccio Plauto**, *Le commedie*, vol. V (*Rudens, Stichus, Trinummus, Truculentus, Vidularia*) (testo latino a fronte)
I 5 volumi di *Tutte le commedie* di Plauto sono disponibili anche in cofanetto.
140. **Sigmund Freud**, *Psicologia e metapsicologia*
143. **Petronio Arbitro**, *Satyricon* (testo latino a fronte)
144. **Sigmund Freud**, *Ossessioni, fobie e paranoia*
149. **Alfred Adler**, *La Psicologia Individuale. Prassi e teoria*
152. **Sigmund Freud**, *Psicoanalisi dell'isteria e dell'angoscia*
155. **Orazio**, *Tutte le opere* (testo latino a fronte)
164. **Vladimir Propp**, *Morfologia della fiaba – Le radici storiche dei racconti di magia*
182. **Gibran Kahlil Gibran**, *Gesù figlio dell'uomo*

187. **Luigi Pirandello**, *Uno, nessuno e centomila – I quaderni di Serafino Gubbio operatore*
198. **Carl Gustav Jung**, *Tipi psicologici*
201. **Blaise Pascal**, *Pensieri*
206. **Alfred Adler**, *La Psicologia Individuale nella scuola – Psicologia dell'educazione*
209. **Federico García Lorca**, *Poesie (Libro de Poemas, Suites)* (testo spagnolo a fronte)
210. **Federico García Lorca**, *Poesie (Poema del Cante jondo, Canzoni, Romancero gitano, Odi, Poeta a New York, Lamento per Ignacio Sanchéz Mejías, Sei poesie galiziane, Diván del Tamarit, Sonetti, Poesie sparse, Canti popolari*) (testo spagnolo a fronte)
I 2 volumi di *Tutte le poesie* di Lorca sono disponibili anche in cofanetto.
211. **Federico García Lorca**, *Tutto il teatro*
212. **Henri Pirenne**, *Maometto e Carlomagno*
220. **Jack Kerouac**, *Mexico City Blues* (testo inglese a fronte)
226. **Sigmund Freud**, *Psicoanalisi dell'arte e della letteratura*
227. **Elena Clementelli e Walter Mauro** (a cura di), *Poesie di pace e libertà*
229. **Carl Gustav Jung**, *La libido, simboli e trasformazioni*
232. **Sigmund Freud**, *Casi clinici*
239. **Howard Phillips Lovecraft**, *Le storie dell'orrore puro. L'incubo*, tomo I
240. **Howard Phillips Lovecraft**, *Le storie dell'orrore puro. L'incubo*, tomo II
241. **Howard Phillips Lovecraft**, *Tutte le storie oniriche e fantastiche*
242. **Howard Phillips Lovecraft**, *Le storie del Ciclo di Cthulhu. Il mito*, tomo I
243. **Howard Phillips Lovecraft**, *Le storie del Ciclo di Cthulhu. Il mito*, tomo II
I 5 volumi di Howard Phillips Lovecraft sono disponibili anche in cofanetto.
244. **Omero**, *Iliade* nella versione di Vincenzo Monti
245. **Omero**, *Odissea* nella versione di Ippolito Pindemonte
I 2 volumi di *Iliade* e *Odissea* sono disponibili anche in cofanetto.
256. **Bertrand Russell**, *L'analisi della mente*
264. **Jacob Burckhardt**, *La civiltà del Rinascimento in Italia*
274. **Bertrand Russell**, *Dio e la religione*
276. **Publio Virgilio Marone**, *Eneide* (testo latino a fronte)
277. **Georg Groddeck**, *Il libro dell'Es*
293. **Arthur Schopenhauer**, *La saggezza della vita, Aforismi*
352. **Gaio Giulio Cesare**, *La guerra gallica – La guerra civile* (testo latino a fronte)
353. **Cornelio Nepote**, *Vite degli uomini illustri*
354. **Gaio Sallustio Crispo**, *La congiura di Catilina – La guerra contro Giugurta – Storie* (testo latino a fronte)
355. **Svetonio**, *Vita dei Cesari* (testo latino a fronte)
366. **Friedrich Wilhelm Nietzsche**, *La gaia scienza*
367. **Publio Ovidio Nasone**, *L'arte di amare* (*L'arte di amare – Come curar l'amore – L'arte del trucco*) (testo latino a fronte)
390. *Il Corano* (a cura di Hamza Roberto Piccardo)

394. **Nazim Hikmet**, *Poesie*
395. **Antonio Machado**, *Poesie (Soledades – Campos de Castilla)*
396. **Albert Einstein**, *Pensieri, idee, opinioni*
410. **Erodoto**, *Storie*
412. **Senofonte**, *Anabasi - Elleniche*
418. **Francesco Petrarca**, *Canzoniere*
421. **Henri Pirenne**, *Le città del Medioevo*
423. **Johann W. Goethe**, *Poesie d'amore* (testo tedesco a fronte)
425. **Albert Einstein**, *Il significato della relatività*
433. **Jack Kerouac**, *Poesie beat* (testo inglese a fronte)
438. **Ezra Pound**, *Poesie* (testo inglese a fronte)
440. **Rainer Maria Rilke**, *Poesie. Sonetti a Orfeo* (testo tedesco a fronte)
450. **Platone**, *Eutifrone*, *Apologia di Socrate*, *Critone*, *Fedone*, *Cratilo*, *Teeteto*, *Sofista* (testo greco a fronte)
451. **Platone**, *Politico*, *Parmenide*, *Filebo*, *Simposio*, *Fedro*, *Alcibiade*, *Alcibiade secondo*, *Ipparco*, *Amanti* (testo greco a fronte)
452. **Platone**, *Teagete*, *Carmide*, *Lachete*, *Liside*, *Eutidemo*, *Protagora*, *Gorgia*, *Menone*, *Ippia maggiore*, *Ippia minore*, *Ione*, *Menesseno*, *Clitofonte* (testo greco a fronte)
453. **Platone**, *Repubblica*, *Timeo*, *Crizia* (testo greco a fronte)
454. **Platone**, *Minosse*, *Leggi*, *Epinomide*, *Lettere* (testo greco a fronte)
    I 5 volumi di *Tutte le opere* di Platone sono disponibili anche in cofanetto.
462. **Virginia Woolf**, *Tutti i racconti*
475. **Ernesto Che Guevara**, *Poesie e scritti sulla letteratura e l'arte* (testo spagnolo a fronte)
478. **William Shakespeare**, *Come vi piace* (testo inglese a fronte)
479. **Ernesto Che Guevara**, *Ideario*
480. **Lucio Apuleio**, *La favola di Amore e Psiche* (testo latino a fronte)
481. **Lucio Anneo Seneca**, *L'arte di essere felici e vivere a lungo* (testo latino a fronte)
482. **Edmond Rostand**, *Cirano di Bergerac* seguito da *L'altro mondo o Stati e Imperi della luna*
483. **Erasmo da Rotterdam**, *Elogio della follia* (testo latino a fronte)
484. **Oscar Wilde**, *Aforismi*
485. **Henrik Ibsen**, *I capolavori* (*I pilastri della società*, *Casa di bambola*, *Spettri*, *Un nemico del popolo*, *La casa dei Rosmer*, *La donna del mare*, *Hedda Gabler*)
486. **Buddha**, *La via per la saggezza*
487. **Miguel de Cervantes Saavedra**, *Novelle esemplari*
488. **Epicuro**, *La felicità* (testo greco a fronte)
489. **Silvio Zavatti** (a cura di), *Canti degli Indiani d'America*
490. **Namkhai Norbu** (a cura di), *Il libro tibetano dei morti*
491. **Niccolò Machiavelli**, *Il Principe* seguito da *Dell'arte della guerra*
492. **Ernesto Che Guevara**, *Diario della rivoluzione cubana*
493. **Tommaso Campanella**, *La Città del Sole*
494. **Napoleone Bonaparte**, *Aforismi politici, pensieri morali e massime sulla guerra*
495. **Dino Campana**, *Canti Orfici*

496. **William Shakespeare**, *Amleto* (testo inglese a fronte)
497. **William Shakespeare**, *Romeo e Giulietta* (testo inglese a fronte)
498. **Molière**, *L'Avaro* (testo francese a fronte)
499. **Nostradamus**, *Profezie* (testo latino a fronte)
500. **Niccolò Machiavelli**, *Mandragola – Clizia – Andria*
501. **Friedrich Wilhelm Nietzsche**, *La volontà di potenza*
502. **Mark Twain**, *Diario di Adamo ed Eva*
503. **Oscar Wilde**, *L'importanza di chiamarsi Ernesto – Il ventaglio di Lady Windermere – Una donna senza importanza – Un marito ideale*
504. **William Shakespeare**, *Otello* (testo inglese a fronte)
505. **William Shakespeare**, *Sogno di una notte di mezza estate* (testo inglese a fronte)
506. **Jorge Luis Borges** (in collaborazione con Alicia Jurado), *Cos'è il buddismo*
507. **Paul Verlaine**, *I poeti maledetti* (testo francese a fronte)
508. **Ernesto Che Guevara**, *Questa grande umanità*
509. **William Shakespeare**, *Re Lear* (testo inglese a fronte)
510. **Giacomo Leopardi**, *Operette morali*
511. **William Shakespeare**, *Giulio Cesare* (testo inglese a fronte)
512. **Sören Kierkegaard**, *La malattia mortale*
513. **Lucio Anneo Seneca**, *Tutte le tragedie* (*Ercole furioso*, *Troiane*, *Fenicie*, *Medea*, *Fedra*, *Edipo*, *Agamennone*, *Tieste*, *Ercole sull'Eta*, *Ottavia*)
514. **Alessandro Manzoni**, *La monaca di Monza*
515. **William Shakespeare**, *Il mercante di Venezia* (testo inglese a fronte)
516. **Ferdinand Gregorovius**, *Lucrezia Borgia*
518. **William Shakespeare**, *Re Giovanni* (testo inglese a fronte)
519. **Samuel Taylor Coleridge**, *La ballata del vecchio marinaio e altre poesie* (testo inglese a fronte)
520. **Virginia Woolf**, *Una stanza tutta per sé*
521. **Franz Kafka**, *Lettera al padre*
522. **Alfred Adler**, *La tecnica della Psicologia Individuale*
523. **Carlo Goldoni**, *La locandiera – Gl'innamorati*
524. **Plutarco**, *Consigli per i politici* (testo greco a fronte)
525. **Piero Mioli** (a cura di), *Le più belle arie d'opera*
526. **Victor Hugo**, *L'ultimo giorno di un condannato a morte*
527. **William Shakespeare**, *Molto rumore per nulla* (testo inglese a fronte)
528. **Oscar Wilde**, *De Profundis e Due lettere al «Daily Chronicle»*
529. **François de La Rochefoucauld**, *Massime*
530. **Oscar Wilde**, *Manuale del perfetto impertinente*
531. **Plutarco**, *Vite parallele/Alessandro e Cesare* (testo greco a fronte)
532. **Confucio**, *Massime*
533. **Charles Darwin**, *L'espressione delle emozioni nell'uomo e negli animali*
534. **Molière**, *Il Misantropo* (testo francese a fronte)
535. **Tommaso d'Aquino**, *L'alchimia*
536. **William Shakespeare**, *Troilo e Cressida* (testo inglese a fronte)
538. **Plutarco**, *Vite parallele/Demostene e Cicerone* (testo greco a fronte)
539. **William Shakespeare**, *Antonio e Cleopatra* (testo inglese a fronte)
540. **Fernando Pessoa**, *Il libro dell'inquietudine*
541. **Plutarco**, *L'arte di saper ascoltare* (testo greco a fronte)

542. **Kostandinos Kavafis**, *Poesie d'amore e della memoria* (testo greco a fronte)
543. **William Shakespeare**, *Misura per misura* (testo inglese a fronte)
544. **Lucio Anneo Seneca**, *L'arte di non adirarsi* (testo latino a fronte)
545. **Walt Whitman**, *Foglie d'erba* (testo inglese a fronte)
546. **Raymond Queneau**, *Gli ultimi giorni*
547. **Alfred Adler**, *Guarire ed educare*
548. **Gregory Corso**, *Mindfield. Campo mentale* (testo inglese a fronte)
549. **Plutarco**, *Vite parallele/Pericle e Fabio Massimo* (testo greco a fronte)
550. **Raymond Queneau**, *Tempi duri, Saint Glinglin!*
551. **Luigi Pirandello**, *Sei personaggi in cerca d'autore*
552. **William Shakespeare**, *La bisbetica domata* (testo inglese a fronte)
553. **Riccardo Reim** (a cura di), *Aforismi proibiti e libertini*
554. **Charles Darwin**, *Viaggio di un naturalista intorno al mondo*
555. **Ugo Foscolo**, *Lettere d'amore*
556. **Alfred Adler**, *Il carattere dei nevrotici*
557. **Pierre Grimal**, *La mitologia greca*
558. **William Shakespeare**, *Macbeth*, (testo inglese a fronte)
559. **Tito Lucrezio Caro**, *La natura delle cose. De rerum natura* (testo latino a fronte)
560. **Sant'Agostino**, *Le confessioni* (testo latino a fronte)
561. **Tommaso Moro**, *Utopia*
562. **Torquato Tasso**, *Gerusalemme liberata*
563. **Marco Tullio Cicerone**, *L'arte di saper parlare. Orator* (testo latino a fronte)
564. **M.K. Gandhi**, *Le grandi religioni. Induismo, Buddismo, Cristianesimo, Islamismo*
565. **Albert Einstein**, *Il mondo come io lo vedo*
566. **Gabriele D'Annunzio**, *La figlia di Iorio*
567. **Luigi Pirandello**, *L'umorismo*
568. **Dante Alighieri**, *Vita Nuova*
570. **Francesca Pansa** (a cura di), *Poesie per anime gemelle*

Nuova serie

Sigmund Freud, *L'interpretazione dei sogni*
Totò, *'A livella e Poesie d'amore*
Sun Tzu, *L'arte della guerra*
Sigmund Freud, *L'io e l'Es; Inibizione, sintomo e angoscia*
Sigmund Freud, *L'avvenire di un'illusione; Il disagio della civiltà*
Sigmund Freud, *Introduzione alla psicoanalisi. Prima e seconda serie di lezioni*
Sigmund Freud, *Mosè e il monoteismo: tre saggi*
Jane Austen, *Ragione e sentimento*
Joseph Roth, *La Cripta dei Cappuccini*
Joseph Roth, *La Marcia di Radetzsky*
Joseph Roth, *Fuga senza fine – La leggenda del santo bevitore*
Gabriele D'Annunzio, *Il piacere*